사실 우리는
불행하게 사는 것에 익숙하다

마음이 '건강한 어른'이 되는 법

강준 지음

> ## 사실 우리는 불행하게 사는 것에 익숙하다

 이 책에서 정의하는 '건강한 어른'이란 '스스로의 몸과 마음을 돌볼 줄 알아 정신적으로 건강하고, 타인을 이해하고 받아들일 만큼 마음에 충분한 여유가 있고, 자신감을 가지고 인생을 자주적으로 설계해가는 어른'을 말한다.

 우리 사회는 아이에서 어른으로 성장하는 과정에서 '건강한 어른'으로 성장하는 법에 대해 배울 기회가 많이 부족하다. 절대 선을 추구하는 도덕적인 사람이 되거나 고결한 인성을 가진 사람으로 성장하기를 바라는 교육을 말하는 것은 아니다. 스스로의 건강을 지킬 수 있는 '정신건강(멘탈) 관리법'이나 바른 사고관과 가치관을 통해 쉽게 '행복을 느끼는 방법'에 대해 배울 기회가 있어야 한다고 생각한다. 우리가 받은 교육과정 속에서는 이런 내용을 쉽게 접할 수 없었다. 사실 학교나 가정에서는 '성적'과 '진로'가 더 중시되었고, 학생들은 기본적인 인성과 가치관에 대한 교육을 받을 시기에 경쟁 속으로 내던져졌다. 나 역시 어렸을 적에 '나 자신을 돌보는 방법'보다 '내 성적을 올리는 방법'에 더 신경을 썼고, '현재 행복하게 지내는 것'보다 '미래에 행복해지는 법'이 더 중요하다는 착각에 빠져 살았다. 학교나 학원에서는 현재의 고민보다 당장의 공부에 집중하고 대학에 간 후에 생각하라고 했지만, 막상 대학에 가게 되면 '이미 익숙해진 삶'에 속아 접어 두었던 고민은 잊어버리고 만다. 대학에 와서도 '스스로를 되돌아보는 시간'보다는 자기 계발로 포장된 '스펙 쌓기와 취업준비'에 온 시간을 할애한다. 결국, 우리는 '스스로를 지키는 방법'이나 '행복해지는 방법'에 대해 모르고 '겉모습만 어른'이 되어 냉혹한 사회로 내던져지게 된다. 사람마다 언젠가 한번쯤 '과거에 접어 두었던 고민들'과 마주하게 될 시간이 찾아온다. 예를 들면, 경쟁이 가득한 사회에 지쳤을 때, 내가 하는 일이 정말 원하는 것이 맞는지 회의감이 들 때, 행복을 추구하지만 행복이 무엇인지 모를 때, 타인의 시선에 의식하는 나를 발견했을 때, 슬럼프가 찾아올 때, 주변 사람 때문에 화병이 날 때, 첫 직장에서 번 아웃 증후군을 겪을 때, 나의 취미가 점점 사라지고 핸드폰이 유일한 취미가 되었을 때, 일상이 쳇바퀴처럼 돌고 하루가 의미 없이 사라질 때, 우울감이 들고 외로울 때, 막연하게 불안할 때, 알 수 없는 것에 공포감이 생길 때, 스트레스가 너무 쌓이고 지칠 때, 자존감이 너무 낮아질 때 등 정말 다양한 순간에서 우리는 원론적인 고민을 하게 된다. '나는 무엇을 위해 살고 있는가?', '내가 사는 이유는 무엇인가?', '인간이 궁극적으로 추구하는 것은 무엇인가?', '남보다 조금 더 잘 벌고 잘 살면 행복한 것인가?' 우리는 이런 고민들을 해야 하는 시기를 무시하며 살아왔고, 누군가에게 배워야 하거나 스스로 공부해야 한다는 필요성을 모르고 살아왔다. 그래서, 우리는 '자존감을 높이는 방법', '나 자신을 수양하는 방법' 그리고 '행복하게 사는 방법'을 부자연스럽거나 어렵게 생각하였고 당연히 꾸준하게 노력하지 않았다. 어디선가 정신 건강과 관련된 좋은 글을 보고, 좋은 강연을 듣고, 좋은 영상을 시청하여 깨달음을 얻었다면 좋겠지만, 사실 대부분의 사람들은 얼마 가지 않아 큰 변화 없이 똑같은 삶을 되풀이하고 있을 것이다.

사실 우리는 불행하게 사는 것에 익숙한 게 아닐까?

이 질문을 시작으로 나는 글을 쓰기 시작했다. 왜 약국에 찾아오는 사람들 중, 유난히 마음에 병을 가진 사람들이 많을까? 왜 어머니들은 화병이 많을까? 왜 직장인들은 스트레스가 많을까? 왜 청년들은 슬럼프를 많이 겪고 도전을 두려워할까? 최근 들어 왜 현대인들에게 우울증이나 공황장애와 같은 정신적인 질환이 많이 발생하고 있을까? 왜 사람들은 돈이면 본인의 가치관이나 신념까지 바꾸게 된 것인가? 왜 요즘 대부분의 사람들의 취미가 유튜브와 SNS일까? 왜 사람들은 행복을 추구하지만 행복에 대해 공부하지 않을까? 나는 사람들과 대화를 하면서 원인을 파악해보고 곰곰이 생각하기 시작했다. 나의 생각과 경험을 비교해가면서, 비슷한 상황에서 사람마다 어떤 관점으로 생각하는지? 혹은 어떻게 그런 생각을 가지게 됐는지 고민하기 시작했다. 그 후, 나만의 철학을 바탕으로 상담을 하기 시작했다. 생각보다 쉽지 않았다. 내가 약국이나 멘토링 과정에서 한 명에게 온전히 할애하는 시간은 한 사람당 길어야 10분 남짓이다. 한 사람이 오랜 기간 가지고 살아온 '사고체계와 사상'을 짧은 시간의 대화만으로 변화시키는 것은 불가능한 일이었다. 가까운 지인이나 자주 상담을 요청한 사람의 경우에는 몇 년에 걸쳐서 대화를 나눌 수 있어 상담을 통해 지속적인 변화를 보여준 사례도 많았다. 하지만 나의 인생 동안 몇 명의 사람을 바꿀 수 있을까?라는 생각을 해보니 차라리 책을 통해 내가 하고 싶은 말을 전달하는 것이 더 효율적일 것이라고 판단했다. 나의 철학과 사고관이 당연히 정답은 아니지만, 스스로를 지키는 방법을 모른 채로 사회에서 상처(스트레스, 화병, 불안장애 등)를 받고 있는 사람들과 잘못된 가치관(물질만능주의, 이기주의, 타인의 시선을 신경쓰는 경우 등)으로 인해 불행하게 살고 있는 사람들에게는 '변화의 계기'가 될 수 있는 작은 바람을 일으킬 수 있다고 믿고 있다. 하지만, 아쉬운 것은 위에 언급한 사람들은 스스로 자각을 하지 못하거나 남의 조언을 쉽게 받아들이지 못해서 본인이 변해야 할 필요성조차 느끼지 못하고 있다는 사실이다. 그럼에도 누구에게나 변화하고 싶은 시기가 한번쯤 찾아온다. 그때, 그런 사람들에게 하고 싶은 말들을 미리 정리해보려고 한다.

앞으로 다룰 내용(목차)을 두 개의 주제로 분류하자면 '스스로를 잘 살피는 방법'과 '행복에 가까워지는 방법'으로 나눌 수 있다.

스스로를 잘 살피는 방법
1. 우리는 정신건강 관리를 잘하고 있을까?
2. 멘탈 관리에도 공부가 필요하다
3. 도전의 시작과 끝은 나로부터
4. 실패는 남이 정하는 게 아니다, 물론 나도 아니다
5. 목표 달성의 가장 큰 적 '슬럼프'
6. 첫 직장은 실패할 수밖에 없나? '번 아웃 증후군'
7. 소중한 일상을 한순간에 무너뜨리는 '불안 장애'
8. 약이자 독인 '스트레스'
9. 아프면 참지 말자. 모든 일에는 때가 있다

'스스로를 잘 살피는 방법'에서는 '나'에서부터 시작되는 문제들을 주로 다루고 있다. 우리는 스스로의 육체적인 상태와 정신적인 상태를 잘 파악할 줄 알아야 하며, 파악한 후에는 스스로 보듬고

관리할 줄 알아야 한다. 모든 일의 시작과 끝은 스스로 정하는 것이고 자주적으로 설계해가야 한다. 마음에서 발생하는 문제들과 생각들을 꾸준히 살피고 관찰해야 갑작스럽게 발생할 수 있는 '슬럼프나 번 아웃 증상'을 예방할 수 있다. '스트레스'가 생겼을 때에는 몸에 쌓아 두지 말고 자기만의 방법으로 원활하게 해소시켜주어야 한다. 만약 그렇지 못하면 '불안장애'와 같은 정신적인 고통을 겪을 수 있는데, 이 또한 마음가짐을 올바르게 한다면 거뜬히 이겨낼 수 있다. 결국, 가장 중요한 것은 나의 몸의 신호(아픔)를 잘 들어야 하는 것이다. 몸의 신호를 무작정 참거나 무시하는 것은 '잘못된 인내심'이며, 우리는 '행복하고 건강하기 위해 노력하는 인내심'을 기르는 데 집중해야 한다.

행복에 가까워지는 방법
1. 우리는 '행복'이라는 단어에 속고 있다
2. '고민상담'은 서로에게 득, '하소연'은 서로에게 독
3. 타인을 잣대로 나를 평가한다. '불행의 시작'
4. 다른 사람이 미워서 생기는 '화병'
5. '기분 나쁜 일' 참고 견딜까? 웃고 넘길까?
6. 적을 우호적으로 만드는 방법, '경청'
7. '숨어서 하는 말'에 감정을 소비 당하지 말자
8. 잘못된 '자존심'은 우리를 불행하게 한다

'행복에 가까워지는 방법'에서는 판단의 기준을 '타인'에서 가져오면서 생기는 문제들을 다루고 있다. 현대사회에서 사람들이 생각하는 행복의 조건과 우리가 일상 생활에서 느껴야 하는 행복감에는 상당한 괴리가 있다. 행복은 타인과 비교해서 얻는 상대적인 감정이 아니고 스스로에게서 발생되는 절대적인 만족과 기쁨의 감정이다. 일상생활에서의 사소한 만족감과 즐거움도 행복이며, 이런 작은 행복을 무시해버리고 산다면 행복감을 느끼지 못한 채로 행복만을 좇으며 살게 된다. 우리의 행복은 타인과의 관계에 의해 많은 영향을 받는다. 멘토링을 통해 서로에게 긍정적인 영향을 주며 함께 성장하는 경우도 있지만, 반대로 일방적으로 하소연을 하게 되면 서로 지치고 정신적인 고통을 받는 경우도 있다. 또한, 타인의 시선에 지나치게 신경을 써 본인의 행동, 생각 그리고 감정이 크게 영향을 받게 된다면 새로운 불행의 시작이 될 수 있다. 그렇다는 것은 본인의 행복을 스스로 제어할 수 없고, 시시각각 타인의 의견에 의해 변화된다는 것이기에 바람직하지 않은 것이다.

누군가 너무 미워본 적이 있는가? 누군가를 미워하고 싫어하게 되면 결국 다치는 것은 스스로였다는 것을 깨닫게 될 것이다. 싫어하면 할수록 스트레스를 받고 정신적인 고통을 당하는 것은 나 자신이 되는 것이다. 우리는 기분 나쁜 일을 남이 아닌 본인의 '정신 건강'을 위해 현명하게 대처할 필요가 있다. 가끔은 내가 정말 싫어하는 사람들도 나의 편으로 만들 수 있는 마음의 여유를 가진다면 외부에서 받는 스트레스들을 줄여갈 수 있을 것이다. 이외에도 우리는 '숨어서 하는 말'에 의연해질 필요가 있다. 숨어서 하는 말은 사실 우리를 상처 줄 만큼 힘을 가지고 있지 않지만, 우리가 그것을 들여다보고 신경쓰기 시작할 때부터 상처를 받게 되는 것이다. 우리의 소중한 감정을 쓸데없는 곳에 낭비하지 말아야 한다. 결국, 가장 중요한 것은 자존감을 높이는 일이다. 스스로를 존중하고 아낄 줄 안다면 사람 관계에서 생기는 스트레스에 유연하게 대처하고 본인만의 소소한 만족감과 즐거움으로 채워가 우리가 바라던 행복에 가까이 다가갈 수 있을 것이다.

우리가 힘들어지고 불행해지는 원인들의 본질을 잘 이해하고 파악한다면, 불행에서 벗어난 삶을 살 수 있게 될 것이다. 앞서 내용들을 잘 이해하고 실천하여 '건강한 어른'이 되기 위해 노력해야 한다. 하지만, 모든 것을 이해하면서도 실천하고 노력하는 것은 쉽지 않다. '정신 수양을 통해 해탈의 경지'에 오르는 것은 어려운 일이기 때문이다. 또한, 우리는 지속적으로 '사회에서 받는, 타인에게 받는, 스스로에게 받는 스트레스'에 노출되고 있으며, 앞으로도 계속 그럴 것이다. 그러나 스트레스를 받아 지치고 힘들다고 해서 모두 불행하게 살아야 하는 것은 아니다. 행복은 가만히 있다고 찾아오지 않고, 행복해지기로 결심하고 노력해야만 얻을 수 있는 것이다. 사람은 본인이 행복해지려고 생각하고 실천하는 만큼만 행복해질 수 있다. 그렇기에 매일 포기하지 않고 노력한다면 어제보다 건강한 오늘 그리고 오늘보다 행복한 내일을 맞이할 것이다. 스스로의 마음속에서 작은 변화들이 점점 쌓이게 되면, 나의 몸과 마음이 변하게 되고 그 다음 주변에서 알아봐주게 된다. '나 자신'부터 시작하여 '나의 가족' 그리고 '주변 지인들'까지 좋은 영향을 준다면 함께 행복해질 것이다.

주변 사람들을 변화시키기 위해 백 가지 말을 건네는 것보다 한 권의 책을 건네는 것이 더 큰 효과를 줄 수 있지 않을까?

강 준

차 례

1장 단단한 마음의 시작은 나를 잘 살피는 것이다

1. 우리는 정신건강 관리를 잘하고 있을까? • 15
2. 멘탈 관리에도 공부가 필요하다 • 25
3. 도전의 시작과 끝은 나로부터 • 35
4. 실패는 남이 정하는 게 아니다. 물론 나도 아니다 • 43
5. 목표 달성의 가장 큰 적 '슬럼프' • 51
6. 첫 직장은 실패할 수밖에 없나? '번 아웃 증후군' • 61
7. 소중한 일상을 한순간에 무너뜨리는 '불안 장애' • 73
8. 약이자 독인 '스트레스' • 87
9. 아프면 참지 말자. 모든 일에는 때가 있다 • 95

2장 행복은 남이 아닌 나에게서 찾아야 한다.

1. 우리는 '행복'이라는 단어에 속고 있다 • 109
2. '고민상담'은 서로에게 득, '하소연'은 서로에게 독 • 118
3. 타인을 잣대로 나를 평가한다. '불행의 시작' • 125
4. 다른 사람이 미워서 생기는 '화병' • 133
5. '기분 나쁜 일' 참고 견딜까? 웃고 넘길까? • 141
6. 적을 우호적으로 만드는 방법, '경청' • 153
7. '숨어서 하는 말'에 감정을 소비 당하지 말자 • 163
8. 잘못된 '자존심'은 우리를 불행하게 한다 • 175

사실 우리는 불행하게 사는 것에 익숙하다

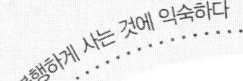

1장

단단한 마음의 시작은
나를 잘 살피는 것이다

1

우리는 정신건강 관리를 잘하고 있을까?
－시작은 수신이다

'수신제가 치국평천하(修身齊家治國平天下)'는 누구나 학창 시절에 한 번쯤 들어 보았을 말로, 유교의 '사서삼경' 중 대학의 8조 목에 등장하는 말이다. '먼저 자신의 몸과 마음을 수양하여 바르게 하고, 집안을 안정시킨 후 나라를 다스리고 천하를 평정한다'라는 의미이다.

이 말을 처음 접한 것은 중학교 한문 시간이었다. 그 당시 선생님은 훌륭한 지도자가 되기 위해서는 스스로의 몸과 마음을 다스리고 가정을 안정시킨 후에, 지도자로서 나라를 잘 다스려야 천하에 평화가 올 수 있다는 의미로 설명하셨었다. 이 말을 현대사회에서 적용해보자면 핵심은 '수신'이라고 생각한다. 각자는 자신의 마음가짐을 바르게 하여 몸과 마음을 잘 돌본 후에 각자의 역할(아버지로서, 어머니로서, 자식으로서)을 잘 수행한다면 가정이 안

정될 것이고, 안정된 가정을 기반으로 바른 정치인들이 나와 나라를 위해 제역할을 다한다면 나라가 평안해지고, 각 나라에서 올바른 지도자들이 등장한다면 세계가 평화로울 것이다. 매우 이상적인 이야기로 들릴 수 있겠지만, 그만큼 '수신'의 중요성이 과거부터 강조되어 왔다는 것을 말하고 있다. 이번 편에서 다루고 싶은 이야기는 '우리의 정신건강을 위해 수신부터 시작해보자'이다.

나의 몸과 마음을 잘 살피기 위해서는 현재의 몸과 마음의 상태를 정확히 파악할 줄 알아야 한다. 몸과 마음 중에서, 우리의 몸이 잘 관리되고 있는지 확인하는 방법은 마음에 비해 상대적으로 간단하다. 우리의 몸은 잘 관리되지 않으면 '이상 신호'를 보내온다. 예를 들면, 상처가 나면 따갑거나 통증을 느끼고, 음식이 잘 맞지 않으면 체하거나 복통 또는 설사를 일으키기도 한다. 또, 세균이나 바이러스에 감염이 되면 몸에서 열이 나거나 염증이 생기기도 하고, 알레르기가 생기면 몸이 가렵고 두드러기가 난다. 우리는 신체적인 신호를 통해서 몸의 이상을 쉽게 파악할 수 있고, 정기적인 건강 검진을 통해 의학적인 방법을 통해 정밀한 검진을 받고 있다. 그에 반해, 우리의 마음(정신건강)은 잘 관리되고 있는지 확인하기가 (혹은 관심을 가지기가) 상대적으로 어렵다. 가장 큰 이유는 판단 기준이 모호하기 때문이다. 몸은 건강한 상태와 불편한 상태를 누구나 쉽게 알 수 있지만, 정신건강은 본인의 상태가 증상화되어 드러나기 전까지 전문가와 상담을 하지 않는 이상 본인 스스로 인지하기 어렵기 때문이다. 또한 누군가 조언을 한다고 해도 부정하거나 받아들이는 것이 쉽지 않다. 그러다 보니 마음(정신건강)을 관리하는 법을 모른 채 어른이 되어 사회에 나가게 되면, 외부에서 많은 스트레스와 상처들을 받게 되고 이를 유연히 대처하거나 받아내지 못해 고통을 받게 된다. 고통이 지속적으로 해결되지 못하면, 갑작스럽게 정신 질환(우울증, 불안장애, 공황장애, 분노조절장애 등)이 찾아오거나 스스로 탈진한 상태(슬럼프 혹은 번 아웃 증후군)에 이르기도 한다. 예상치 못하게 찾아온 마음의 병은 이미 오래 전부터 쌓여왔기 때문에 단기간에 치료되거나 극복하기 어렵고 근본적인 원인을 해결하기가 쉽지 않다. 따라서 우리는 그런 불행한 결말을 당면하지 않기 위해 사전에 예방할 필요가 있으며 늘 자신의 마음을 잘 살피고 관찰해야 한다. 나의 정신건강을 관리하는 첫 시작은 현재의 '스트레스 상태'를 자주 확인하는 것이다.

스트레스를 받고 있을 때, 내 몸에서 보내는 신호

- 잠이 깊게 들지 못하여 자주 잠에서 깨고 악몽을 자주 꾼다.
- 자고 일어나면 식은땀을 흘리는 경우가 있고, 몸이 개운하지 않다.
- 만성피로가 심하다.
- 짜증이 쉽게 나며 참을성이 없고 집중력이 떨어진다.

- 면역력이 약해져 감기, 두드러기, 피부염, 구내염 그리고 다래끼 등이 자주 생긴다.
- 식욕이 없어지거나 혹은 스트레스성 폭식이 잦아진다.
- 대인 관계에 소홀해진다.
- 편두통, 복통 또는 소화불량이 잦아진다.
- 몸이 자주 붓는다.
- 심장이 자주 두근거리고 몸에 열이 차는 기분을 받는다. 불면증이 심하다.

위와 같은 현상이 자주 나타나거나 혹은 오래 지속되었다면, 현재 본인이 스트레스를 많이 받고 있는 상황이며 스트레스를 잘 관리하지 못하고 있는 것이다. 본인에게 해당되는 것들을 체크해 본 후에 현재 어떤 스트레스를 받고 있는지 적어볼 필요가 있다. 스트레스의 원인을 적을 때에는 객관적으로 적어야 하는데, 내가 받고 있지 않다고 생각하더라도 나의 몸은 스트레스를 받고 있을 수 있기 때문이다. 가끔은 나를 아는 친한 사람들에게 물어보는 것도 객관적인 의견을 얻기에 좋다. 그리고 나서 본인이 스트레스 해소를 위해 어떤 활동이나 방법을 취하고 있는지를 적어보면 현재의 관리 수준을 대략적으로 파악해볼 수 있다.

과거에 나는 스트레스를 받을 때마다 편두통이 자주 발생했고 과민성 대장 증후군도 있었다. 그리고 스트레스를 해소하기 위해 집에 돌아오면 습관적으로 저녁에 폭식을 하였다. 학업 스트레스를 자주 받았는지 시험기간만 되면 편두통이 너무 심했고, 시험 전에는 긴장성으로 복통을 자주 느끼곤 하였다. 이와 같은 몸의 신호가 오면, '지금 내가 굉장히 많은 스트레스를 받고 있구나'라는 것을 알아차리고, 시간을 들여 마음을 진정시키고 스트레스를 해소하기 위해 노력했다. 가벼운 산책과 운동을 하기도 하고, 휴식이 필요할 때에는 낮잠을 자기도 했다. 임시방편으로 약을 복용하기도 했지만, 그것은 말 그대로 임시방편일 뿐이었다. 궁극적으로는 나의 스트레스 원인을 파악하고 근본적인 문제를 해결하는 것이 더욱 필요했다. 스트레스를 받는 원인은 사람마다 천차만별이고 너무 다양하다. 모든 스트레스는 관리가 필요하지만, 그 중에서도 '내가 나에게 주는 스트레스'만큼은 반드시 없애야 한다.

내가 나에게 주는 스트레스의 유형

1) 자존감 부족

본인의 현재 상태에 불만을 가지거나 본인에 대한 기대가 너무 높아 스스로를 존중하지 못하는 것이다. 스스로의 외형(외모, 몸매, 키 등), 능력 또는 성격 등에 불만을 가지고 스스로를 비하하거나 절망에 빠지는 유형으로 스스로에게 큰 스트레스를 준다.

2) 타인과의 비교

본인의 현재 상태나 상황을 끊임없이 남과 비교하면서 스스로의 불행을 자처하는 유형이다. 타인의 취향, 성격, 행동을 따라하거나 타인보다 나아지기 위해 스스로에게 채찍질을 하며 스트레스를 준다.

3) 불운한 상황에 메여 있는 것

불가항력적인 상황을 쉽게 넘기지 못하고, 스스로 불운하다고 생각하며 화를 내는 유형이다. 하루에도 예상치 못하게 발생하는 다양한 상황이 본인에게 불리하거나 불운하게 작용된다고 생각하면, 억울해하고 예민해지면서 화를 내고 스스로 스트레스를 유발하는 것이다.

4) 본인에게 가혹한 잣대를 들이대는 것

타인과 본인에게 다른 기준을 설정하는 유형이다. 타인에게는 작은 것에도 칭찬해주고 너그럽지만, 본인에게는 높은 기준을 두어 가혹하게 채찍질하여 스스로를 힘들게 만드는 것이다.

5) 일어나지 않은 일을 미리 걱정하는 것

실제로 일어나기 어려운 상황이나 앞으로 일어날 일을 미리 깊게 생각하고 걱정하는 유형이다. 사전에 철저하게 준비하는 수준을 넘어서 계속 고민하여 스스로와 주변 사람을 지치게 만들기도 한다. 특정 분야로 이런 유형이 심해지면 건강 염려증이나 불안장애로도 발전할 수 있다.

6) 타인의 시선이나 생각에 집착하는 것

본인에 관련된 감정이나 가치 판단을 스스로 내리지 못하여 남의 시선과 생각을 기준으로 삼아 판단하는 유형이다. 본인의 언행이나 선택에 대해 상대방이 어떻게 생각할지 고민하는 데 온 에너지를 쏟는 것이다. 이는 스스로를 지치게 하고 스트레스를 유발한다.

정신이 건강하게 잘 유지되는지 확인하는 것은 쉽지 않다. 내 몸이 신호를 보내는 경우는 이미 오랜 기간 스트레스에 노출되어 생리적인 변화로 나타나고 있는 상황이다. 그렇기에 몸에 변화가 나타난다면 빠른 조치를 통해 개선할 필요가 있다. 본인이 스트레스를 잘 받는 유형인지 아닌지는 위에 나열한 '내가 나에게 주는 스트레스의 유형'을 살펴보길 바란다. 우리는 사회에서 다양한 사람들과 관계를 형성하면서, 다양한 종류의 스트레스를 충분히 받고 있다. 학생들은 학업, 교우관계, 부모와의 관계, 불확실한 미래나 진로에서 스트레스를 받고 있으며, 직장인들은 회사생활에서 동료, 상사 또는 거래처와의 관계 혹은 가정에서 스트레스를 받고 있다. 우리는 견뎌내고 이겨내야 할 외부의 스트레스가 상당히 많다. 이런 와중에 우리는 스스로에게 또 다른 스트레스를 주지 않도록 노력해야 한다.

최근 들어 불면증을 호소하며 상담을 요청하는 사람들이 많아졌다. 그 중, 한 친구는 '코로나19'로 인해 취업이 잘 풀리지 않아 스트레스를 받고 있는데 공부에도 집중이 잘 되지 않아 힘들어하고 있었다. 밤 10시가 되면 몸과 마음이 지친 채로 침대에 눕지만, 새벽 4시가 넘도록 잠에 들지 않는다는 것이다. 누워있으면 심장이 계속 두근거리고 몸에 열이 나서 머리가 어지럽다고 했다. 시간이 지나도 잠에 들지 못하니 마음은 계속 조급해지고, 화가 나서 두통까지 심해진다고 했다. 외부에서 받는 스트레스뿐 아니라, 스스로 자기 상황을 지속적으로 불운하다 여기고 있으며 자존감도 많이 떨어져 있는 상태였다. 친구의 하루 일과를 들어보니 '독서실과 집'이 반복되는 삶 속에서 '마음에 쌓인 스트레스'를 분출할 만한 탈출구가 전혀 없었다. 또한, 본인도 스스로에게 가혹한 스타일로 타이머로 공부시간을 재면서 규칙적인 삶에 대한 강박증을 가지고 있었다. 이 친구는 '수면 유도제'나 '수면제'를 복용하면서 공부하기를 원했지만, 이것은 단기간 증상완화를 위한 방법으로 쓰일 순 있어도 장기간의 취업준비에서는 좋지 않은 선택이라고 판단했다. 상담을 하며 놀라웠던 점은 본인 스스로는 스트레스를 받고 있지 않으며, 정신이 건강하다고 생각하고 있던 것이었다. 나는 이 친구와 오랜 기간 여러 차례 대화를 나누며 '스트레스를 분출하는 방법'과 '생각 전환의 중요성'에 대해 알려주었다. 그리고 약보다는 '가벼운 홈 트레이닝', '가벼운 글쓰기' 또는 '책 읽기'를 추천했다.

운동은 '승화'의 방법으로 외부의 스트레스나 분출하지 못한 감정을 다른 형태의 에너지로 분출할 수 있게 한다. '글쓰기'의 경우에는 본인의 생각과 감정을 솔직하게 풀어 쓰면서, 스스로를 객관적으로 마주할 수 있고 자신도 숨겨온 감정들을 꺼내어 볼 수 있다. 고맙게도 이 친구는 나의 조언대로 두 가지를 꾸준히 실천해주었다. 실천을 하다 보니 어느새 마음이 조금은 안정되었고, 불면증도 상당히 개선되었다는 피드백을 받았다.

내 몸과 마음을 잘 살피고
돌보는 것이 '건강한 어른'이 되기 위한 시작점이다.

2

멘탈 관리에도 공부가 필요하다
―마음의 크기를 넓히자

'Mental'이란 영어 단어는 본디 형용사로 '정신의' 또는
'마음의'라는 뜻을 가지고 있으나 사람들이 '생각하거나 판단하는 정신,
또는 정신세계'라는 의미로 많이 사용하다 보니,
현재 국어사전에도 '멘탈'이라는 단어가 명사로 등재되었다.

우리가 사용하는 '멘탈 관리'라는 말의 뜻은 '현재의 상황이나 주위의 환경에 영향을 받지 않고, 올바르게 생각하고 판단하는 정신을 유지하는 것'이다. 멘탈과 연관되는 신조어로는 '쿠크다스 멘탈', '유리 멘탈', '푸딩 멘탈' 그리고 '멘탈 붕괴' 등이 있다. 이러한 신조어들이 꾸준하게 생산되는 것은 현대 사회의 사람들이 다양한 종류의 스트레스에 노출되고 있고 외부환경에 의해 정신적인 방어선이 쉽게 붕괴되고 있다는 점을 반증하고 있다. 그만

큼, 현대 사회를 살아가는 데 있어 '강한 멘탈(정신건강)'을 가지는 것은 큰 장점이 되며 험난한 인생을 살아가는 데에 큰 버팀목이 될 수 있다. 그렇다면 이런 강한 멘탈은 도대체 어디서부터 비롯되는 것일까? 이것은 유전에 의해 타고나는 것일까 아니면 학습을 통해 배우는 것일까? 물론 유전적인 부분을 완전히 배제할 순 없겠지만, 나는 상당 부분이 사회적인 요소(후천적인 부분)에 의해 기인한다고 생각한다. 즉, 멘탈(정신건강)은 학습을 통해 단단하게 키워갈 수 있으며, 사람마다 맞춤형 멘탈 관리법이 존재한다. 멘탈을 학습하기에 앞서 우리는 '멘탈 붕괴'가 발생하는 유형과 강한 멘탈을 가진 사람의 특징을 알아보아야 한다.

멘탈 붕괴가 일어나는 경우

1) 계획하던 일이 잘 풀리지 않았을 때

시험, 프로젝트, 취업, 면접, 연애, 학업 등 본인이 단기간 혹은 장기간 준비하던 계획이 잘 풀리지 않았거나 혹은 수포로 돌아갔을 때 충격을 받게 된다. 특히, 예상치 못한 상황을 접하게 되면 충격의 정도는 더욱 커진다.

2) 타인에 의해 스트레스를 받을 때

타인에 의해 직·간접적으로 괴롭힘을 당하거나, 친구들이 뒤에서 나의 뒷담화를 하는 것을 알았을 때 충격을 받게 된다. 또한, '타인이 보는 나'에 대해 신경쓰고 고민하면서 '나를 그렇게 생각하면 어떡하지?'라는 상상에 빠져 멘탈이 붕괴되는 경우도 있다. 이외에도, 본인이 정말 싫어하는 사람이 일이 잘 풀리거나 성공할 때 질투심에 의해 스트레스를 받기도 한다.

3) 본인의 현재 상황에 만족스럽지 못할 때

본인의 현재 상황이나 상태를 있는 그대로 받아들이지 못하는 경우로 생각이 과거에 묶여있거나 스스로 자존감이 많이 낮은 상태이다. 스스로 생각하는 약점이나 콤플렉스가 타인에게 들키는 것을 두려워하여 계속 불안하고 예민해져있다. 이는 악순환이 되어 계속 움츠려 들고 같은 실수를 반복하게 되며 결국 지속적인 지적을 받으며 멘탈 붕괴가 일어나게 된다.

4) 사소한 일들이 잘 풀리지 않을 때

하루에도 수도 없이 발생하는 사소한 일들에 의해 쉽게 영향을 받는 '기분파' 유형이다. 예를 들어, 출근하는 도중에 엘리베이터가 층마다 서고, 차가 유난히 막히고, 신호운이 따라주지 않고,

결국 지각하고, 상사에게 혼나고, 하필 휴대폰을 떨어뜨렸는데 액정이 깨지고, 그날따라 업무에 집중이 안되고, 실수도 잦고… 정말 사소한 불운이 쌓이면서 그것에 영향을 받아 계속 악순환되다 멘탈 붕괴되는 유형이다.

    멘탈 붕괴의 유형에 대해서 알아보았지만 사람마다 더 예민하게 반응하는 부분이 있고 둔감하게 반응하는 부분이 있다. 본인이 민감하게 여기던 부분도 나이가 들면서 혹은 생각이나 가치관이 변화하면서 바뀌기도 한다. 또한, 본인이 속해 있는 다양한 집단이나 소통하는 사람에 따라서 다른 양상을 보일 수도 있다. 멘탈 붕괴를 막는 가장 좋은 방법은 '그 원인을 명확히 파악하고 사전에 피하는 것'이다. 다시 말해, 회피요법을 사용하는 것만큼 가장 효과적인 것은 없다. 내가 멘탈 붕괴가 되는 원인이나 상황을 잘 인지하고 있다면 그것들을 사전에 차단하여 나를 지킬 수 있다. 다만, 현실적으로 원인을 차단하는 것이 힘들고 불가능한 경우도 많다. 대부분의 원인들은 본인의 중요한 일상생활 속에서 발생하기 때문에 우리는 그것들에서 완전히 벗어날 수 없다. 이외에도 우리가 예상할 수 없는 일들도 상당히 많이 일어나기에 모든 일들을 사전에 대처할 수는 없는 것이다. 다음은 멘탈이 강한 사람들의 특징에 대해 알아보자.

멘탈이 강한 사람의 특징

① 자존감이 강한 편이다. 쓸데없는 자존심에 집착하지 않는다.
② 본인만의 스트레스 해소법이 존재하고, 스트레스는 쌓아 두지 않고 생기는 즉시 해소하려고 노력한다.
③ 만족감이나 기쁜 일이 있으면 충분히 즐길 줄 안다.
④ 본인이 컨트롤할 수 없는 일(불운)에는 크게 신경쓰지 않고 금방 잊어버린다.
⑤ 자신의 환경이나 타인을 탓하지 않는다.
⑥ 마음을 과거에 두지 않는다. 후회를 하기보단 현재를 충실히 산다.
⑦ 마음에 큰 완충제가 있다. 어떠한 위기나 사건이 발생해도 빠르게 충격을 분산시키고 다음을 행동한다.
⑧ 실패는 끝이 아닌 새로운 도전일 뿐이다.
⑨ 다른 사람의 성공을 질투하지 않고 존경한다.
⑩ 운을 바라지 않고 스스로 변화를 추구한다.
⑪ 즉각적인 결과에 연연하기보다는 꾸준하게 노력한다.
⑫ 싫어하는 사람을 싫어하려고 하지 않고, 오히려 관계를 개선하기 위해 노력한다.

강한 멘탈은 절대 하루아침에 만들어지지 않는다. 멘탈이 강한 사람도 스스로를 꾸준히 살피지 않으면 상황이나 환경에 따라 다시 악화될 수도 있다. 따라서 우리는 누구나 끊임없이 노력하고 마음을 공부해야 한다. 위에서 언급한 모든 특징들이 중요하지만, 내가 인생을 살면서 가장 중요하게 생각하는 것은 ⑥번과 ⑦번이었다.

어린 시절의 나는 늘 후회하는 삶을 살았다. '공부를 조금 더 할 걸', '그런 선택을 하지 말 걸', '자신감을 가질 걸', '새로운 도전을 해볼 걸', '친구에게 그렇게 말하지 말 걸'과 같이 되돌릴 수 없는 과거를 항상 후회하며 시간을 허비했다. 이러한 모습은 나의 정신 건강에 전혀 도움이 되지 않았고, 당장 현재의 일에 집중하지 못하여 또 다른 미래의 후회를 낳을 뿐이었다. 후회의 본질을 깨닫고 멘탈 관리를 시작하면서 '내일 후회하지 않을 오늘을 살자'라는 좌우명을 만들게 되었고, 매일 아침 속으로 다짐하며 지금까지 살아왔다. 이런 마음가짐을 가진 후로는 특정 결과가 좋지 않거나 실패하더라도 최선을 다했던 매일 하루를 살아왔기 때문에 과거의 선택이나 행동을 후회하는 데 시간을 낭비하지 않고, 새로운 도전이나 목표를 설정하는 데 집중하게 되었다.

내 마음은 호수요. 그대 노 저어 오오.
나는 그대의 흰 그림자를 안고, 옥 같이 그대의 뱃전에 부서지리다.
- 김동명 시인 '내 마음은 호수요' 중에서

우리가 잘 아는 시 '내 마음은 호수요'는 은유법을 이용하여 마음을 가장 잘 표현한 예시이다. 우리의 마음은 정말 호수와 같다는 생각을 많이 한다. 타인에 의해, 냉혹한 현실에 의해, 스스로에 의해 만들어진 돌이 무수히 날아와 호수로 던져진다. 작은 호수에는 큰 파동이 생길 것이고, 큰 호수에는 미미한 출렁임만 생길 것이다. 어떤 사람들은 날아오는 돌을 막고자 벽을 쌓을 것이다. 타인의 비난을 비난으로 대응하고, 현실을 부정하거나 남 탓을 하며 일시적으로 회피할 수도 있겠지만, 결국 벽을 넘어서는 돌이 날아오면 마음이 흔들리게 된다. 어떤 사람들은 출렁이지 않기 위해 물을 빼내기도 한다. 스스로의 바닥을 드러내면서 '나는 원래 이런 사람이야', '처음부터 당연히 안될 줄 알았어', '일부러 대충 했어'와 같이 말을 하기도 한다. 낮은 자존감으로 순간적인 상처는 받지 않겠지만, 이미 메마른 마음은 갈라지고 결국 큰 고통으로 돌아올 것이다. 가장 좋은 방법은 호수를 넓히는 것이다. 어떠한 외부의 스트레스도 받아들일 만큼 여유를 가지며 쉽게 충격에 빠지지 않고 유연하게 대처할 수 있는 판단력을 기르는 것이 중요하다.

그렇다면 마음공부는 어떻게 해야 할까? 내가 어린 시절부터 해온 방법을 소개하려고 한다. 주로 상담을 할 때 글을 써보라고 추천을 하는데, 특히 내 마음의 소리에 대해 적어보는 것을 권한다. 이 방법은 특히 '기분파'라고 불리는 사람들에게 효과적이다.

기분파인 사람들은 사소한 일들로 기분이 롤러코스터를 타는 것처럼 등락폭이 심하다. 그날 기분에 따라 주변 사람들을 대하는 태도가 변하고, 기분에 따라 같은 일도 매일 다른 결정을 한다.

마음 노트 작성 및 마음 되돌아보기

① 하루 중 나의 기분에 큰 변화를 준 사건을 기록한다. 그 사건에 대해 내가 반응했던 내용과 그 상황에서의 나의 기분을 적는다.
② 침착한 상태의 나였다면, 그 상황에서 어떻게 행동했을지 적는다.
③ 제3자의 입장으로 생각하였을 때, 본인의 언행 또는 생각이 적절한 대응이었는지 판단해본다.
④ 다음에도 비슷한 상황이 오면 어떻게 행동할지 적는다.
⑤ 실제, 비슷한 상황이 닥치면 행동하기 전에, 오늘 적었던 '마음 노트'의 내용을 떠올린다.

위의 방법들을 차분하게 오랜 기간 매일 기록한다면, 점점 외부 스트레스를 유연하게 대처하는 본인을 발견하게 될 것이다.

마음 노트의 예시

　외국어 고등학교 재학 시절, 대부분의 친구들은 학업에 대한 경쟁심이 강했다. 내신 점수나 모의고사 점수에 예민했고, 이것은 학부모 모임까지도 이어졌다. 공부를 잘하는 것이 중요한 것이 아니라 '내 주변 친구보다 잘하는 것'이 더 중요한 분위기였다. 그런 분위기에서 친구들과 우정을 쌓는 건지, '숨겨진 라이벌 의식' 속에서 서로 경계하면서 지내는 것인지 혼란이 온 적도 많았다. 특히 몇몇 친구들은 수업이 끝나면 나의 필기를 가져가서 베끼곤 했다. 나도 사실 흔쾌히 주고 싶진 않았지만, 그런 일로 서로 얼굴을 붉히고 싶지는 않았다. 이런 일이 자주 있다가 어느 날 몸이 좋지 않아 몇 번 조퇴를 하게 되었다. 이후, 나의 필기를 봤던 친구에게 필기를 보여 달라고 했더니 이런저런 핑계를 대면서 거절을 하는 것이었다. 순간 그들의 행동에 서운함을 느꼈고, 욱한 마음에 그 친구에게 화를 냈다. 주변에 다른 친구들이 있는 자리에서 화를 내니 그 친구도 당황했는지 덩달아 화를 내면서 감정적인 말싸움으로 이어지게 되었다.

① 친구가 나에게 서운한 행동을 하였고, 나는 순간 화를 참지 못하고 화를 냈다.
② 나의 섭섭한 마음을 당장 풀기보단, 그 친구와 둘만 있는 곳에서 조용히 이야기했다면 싸움으로 번지지 않았을 것이다.
③ 제3자가 보더라도 섭섭한 마음은 충분히 있었을 것 같지만, 여러 사람 앞에서 망신을 주는 것은 그 친구에 대한 예의를 지키지 않았던 것 같다. 조금 더 신중하고 현명하게 대응했다면 좋은 관계를 계속 유지하면서 잘 풀어나갈 수 있는 문제였다.
④ 비슷한 상황이 온다면, 일단 알았다고 하고 다른 친구들에게 부탁해서 필기를 빌릴 것이다. 이후, 그 친구에게 연락해서 무슨 사정이 있는지 혹은 다른 이유가 있는지 솔직하게 물어볼 것이다. 이 일이 아니더라도 나에게 섭섭한 것이 있을 수 있고, 친구 사이이면 서로 이해하는 과정이 중요하다고 생각한다.

매일 조금의 시간이라도 내 '마음의 소리'를 듣는 데
집중한다면, 조금씩 나를 되돌아보는 시간이 쌓이게 되고
점점 변해가는 나를 발견할 수 있게 된다.
그런 과정에서 생각에 무게가 더해지고, 언행이 신중해지고
사소한 것에 흔들리지 않는 마음을 갖게 될 것이다.

3

도전의 시작과 끝은 나로부터
-결국 내 선택의 책임은 내가 진다

경제학에서 소개하는 사회 현상 중 밴드웨건 효과(Bandwagon Effect)와
스놉 효과(Snob Effect)가 있다. 밴드웨건 효과는 편승효과라고 불리며
'유행에 따라 상품을 구입하는 소비 현상'을 일컫는다.
반대로, 스놉 효과는 속물 효과라고 불리며 '특정 상품에 대한 소비가
증가하면 오히려 수요가 줄어드는 현상'을 일컫는다.

인생을 살아가는 과정에 우리 곁에 늘 곁에 붙어 다니는 것이 있다. 바로 '선택'이다. 우리는 하루에 많은 선택을 하는데, 아침에 어떤 옷을 입을지, 점심에 무엇을 먹을지, 저녁에 몇 시에 잘지, 어떤 길로 갈지 등을 선택한다. 거시적인 관점으로 보면, 인생에서 우리는 매우 중요한 선택의 순간에 놓이는 경우가 많다. 예를 들면, 어떤 학교나 학과를 선택할지? 무슨 직업군을 가질지?

어떤 친구를 사귈지? 어떤 사람과 결혼할지? 어떤 곳에 투자할지? 어떤 회사에 취직할지? 어떤 스펙을 쌓을지?와 같은 다양한 선택의 순간들이 찾아오게 된다. 선택이 항상 힘든 이유는 선택에 따라 많은 시간과 노력을 투자하게 된다면, 그것은 매몰비용(다시 되돌릴 수 없는 비용)이 되기 때문이다.

당신은 중요한 결정의 순간에 어떤 방식으로 의사 결정하고 있는가? 정말 다양한 방법과 유형의 사람들이 존재하지만 대표적으로 두 가지 유형에 대해 이야기해보자.

팔랑귀과

'팔랑귀'는 본인의 주장보다는 다른 사람의 말에 휘둘리고 쉽게 설득당하는 사람을 일컫는다. 이런 특징을 가진 사람은 다수의 타인들과 다른 선택을 하는 것을 두려워하고, 혼자 튀는 것에 대해 부담감을 크게 느낀다. 또한, '동조 효과'에 쉽게 노출되어 본인들의 주장이 앞서기보다는 타인의 의견에 영향을 받아 안정적이거나 상대적으로 쉬운 길이라고 검증된 길을 선호한다. 물론, 현대사회에서는 이와 같은 유형이 많을 수밖에 없다. 현대사회에서는 '인생의 길'을 한번 잘못 들어 실패하게 되면 다시는 회복할 수 없다는 인식이 강하기 때문이다. 그렇기 때문에 이미 사회에서 검증된 안정적이고 인정받는 길을 선택하려는 경향이 있는 것이다. 이와 비슷한 현상으로는 우후죽순으로 생겼다가 사라지는 한국의 가게들을 꼽을 수 있다. 세계 과자점, 츄러스 가게, 대만 카스텔라, 생과일주스, 인형 뽑기 가게, 코인 노래방 등등… 이런 것의 단점은 레드오션이고, 경쟁이 치열하다는 것이다. 그런 힘난한 경쟁 속에서 스스로의 주장보다는 타인에 의해 선택되었다면 과연 강한 동기부여를 받을 수 있을까? 나중에 본인의 선택을 후회하지 않을까?

청개구리과

'청개구리'는 팔랑귀와 대비되는 특징을 가졌다고 보면 된다. 흔히 '심리적 반발 효과'라고도 불리는데, 타인의 설득이 듣는 이에게는 행동의 자유를 위협받는다고 느껴지게 되고, 이에 상응하는 심리적 반발을 초래하는 경우이다. 그로 인해 위협받는 자유를 복원하기 위해 타인이 제안한 방향대로 행동하지 않게 되는 효과이다. 흔히, 어릴 적 마침 공부를 하려고 했는데 갑자기 부모님이 들어오셔서 공부를 하라고 하면, 갑자기 하기 싫어지고 안 하게 되는 것이 이런 '심리 효과'이다. 하지만, 현대사회에서 중요한 선택을 하는 기로에서는 청개구리과의 특성을 보이는 사람의 비율은 팔랑귀에 비해 상대적으로 적다. 청개구리과 성향을 보이는 사람의 특징은 다음과 같다.

- 자기 결단력이 높고, 자존심이 센 사람
- 자신이 스스로 의사결정을 하기에 충분한 정보를 갖고 있다고 생각하는 사람

이런 유형의 단점은 타인의 건설적인 조언이나 의견조차 무시하여 합리적인 의사결정을 하지 못할 수 있다는 점이다.

인생에 영향을 미칠 수 있는 중요한 선택을 해야 하는 상황에서 완벽한 답을 찾기란 쉬운 일이 아니다. 사실 인생의 문제에서 정해진 답은 없다. 누군가의 인생에서 본인의 선택을 답으로 만들어가는 것은 본인의 몫이다. 중요한 선택에서는 타인의 조언을 얻고 참고할 순 있지만, 휘둘리거나 의존해서도 안된다. 어떤 선택을 하든 그 길에서 좋은 결과를 얻기 위해서는 결국 본인의 동기와 노력이 중요하기 때문이다. 즉, 처음 소개한 밴드웨건 효과나 팔랑귀 유형처럼 선택의 시작이 타인의 의견이 되어서는 안 된다. 이는 동기 결여로 이어지거나 달성한 후에도 후회를 유발할 수 있다. 반대로, 스놉 효과나 청개구리 유형처럼 타인의 의견에 영향을 받아 무조건 안 하거나 방향을 바꾸는 것도 좋은 방법은 아니다. 내가 추구하는 도전을 대하는 자세는 '나를 중심으로 두고, 각 유형의 특성을 이용하자'는 것이다. 예시를 통해 쉽게 풀어보도록 하자.

〈동조해주는 사람을 만났을 경우〉
- 팔랑귀 유형을 이용하여 안정감과 정보를 얻기

A: 내가 고민을 하면서 결심했어. 나는 OOO라는 직업에 도전해볼래. 앞으로 시험공부도 하고, 자격증도 따고, 스터디도 모집해서 열심히 할 거야.

B: 아, 진짜? 시험 준비 정말 어렵다더라. 그래도 너라면 충분히 할 수 있을 거야. 내가 아는 지인도 OOO이 돼서 경제적으로도 만족하고, 워라밸도 정말 좋다고 하더라.

A: 정말? 워라밸도 좋대? 시험 준비 관련해서 참 궁금한 게 많아. 혹시 아는 지인 분 공부 어떻게 했는지 물어봐 줄 수 있을까? 부담스러우면 안 해도 괜찮고, 근데 앉아서 이야기할까? 내가 커피 살게.

〈동조하지 않는 사람을 만났을 경우〉
- 청개구리 유형을 이용하여 동기부여 받기

A: 내가 고민을 하면서 결심했어. 나는 OOO라는 직업에 도전해볼래. 앞으로 시험공부도 하고, 자격증도 따고, 스터디도 모집해서 열심히 할 거야.

C: 아, 진짜? 시험 준비 어렵다는데, 그거 괜히 준비했다가 잘

안돼서 몇 년 날리면, 취업도 제대로 못하고 정말 고시낭
인되는 거야. 그리고 그 직업도 요즘 포화래. 예전 같지 않
을 걸? 차라리 그럴 바에 OO 하는 게 더 낫지 않겠냐? 나
라면 그거 할 것 같은데, 앞으로 공부하면 얼굴도 자주 못
보겠네? 그런 의미로 밥 좀 사줘라.

A: 아, 정말? 그렇게 말하니깐 더욱 도전의식이 생기는 걸? 열
심히 해서 한번에 붙어야겠다. 밥은 붙고 나서 꼭 사줄게.
고마워.

나는 인생에서 중요한 결정의 순간마다 '청개구리 유형'을 자주 이용했다. 그만큼 주변에 나의 도전을 응원하거나 동조해주는 사람보다는 그 반대의 유형이 많았다. 하지만, 나는 그런 걱정과 우려들을 듬뿍 먹고, 새로운 도전에 대한 추진제로 삼았다. 청개구리 유형을 이용했던 두 가지 사례를 풀어보려고 한다.

1) 이과 전향 및 독학 재수

내가 문과에서 이과로 전향하여 재수하겠다고 결정을 했을 때, 담임선생님을 포함한 주변 친구들은 모두 반대하거나 부정적인 의견을 보였다. 그 이유로는 이과로 옮기게 되면 추가로 공부해야 되는 과목이 많이 생기기 때문이었다. 추가 과목으로는 수2, 선택 미적분학, 과학탐구 4과목이 있었고, 1년 동안 기초부터

심화과정까지 모두 끝내야 했다. 게다가 다른 이들을 더욱 놀라게 한 것은 내가 재수를 독학으로 하겠다고 말했을 때였다. 모든 사람의 반응은 '정신 나간 놈'이었다. 그럼에도 나는 여러 사람의 반대를 무릅쓰고 나 자신을 믿고 결정을 내렸다. 내가 들었던 '그렇게 고집 부리다가 망하고 나서야 정신 차리겠지'와 '1년을 또 버리겠구나'와 같은 말은 오히려 나에게 강한 동기부여로 작용했고, 더욱더 열심히 하는 계기가 되었다. 지금 돌이켜보면 그때의 나의 확고한 선택은 내 인생을 바꾼 '가장 의미 있는 선택' 중 하나였으며, 이제는 주변에서도 좋은 선택을 했다고 칭찬해주고 있다. 이것은 내가 좋거나 나쁜 선택을 해서 발생한 결과가 아니다. 어떤 선택을 하던지 중요한 것은 '나의 의지'와 '그것을 꼭 이루겠다는 강력한 동기'이다. 나는 '청개구리 유형'을 활용하여 강한 동기와 의지를 얻었기 때문에 나의 선택을 좋은 결과로 만들 수 있었던 것이다.

2) 약학대학입시 준비

대학교 2학년 재학 당시 나는 많은 교내 및 교외 활동을 하는 와중에 약학대학 입문 시험(PEET)도 준비하려고 했었다. 내가 맡고 있던 직책은 단과대 부학회장, 중앙동아리 회장, 그리고 공연 동아리 활동을 하고 있었고, 교외 활동으로는 학원 알바, 과외 그리고 정기적으로 봉사를 하고 있었다. 주변 친구들보다 상대적으로 바쁜 상황에서도 높은 학점을 받아야 했고, 약대 입시를 위한 시험공부도 꾸준히 해야 했다. 또한, 생활비 마련을 위해 부수적으로 알바도 해야 했다. 나의 상황이 학과 내에 소문이 돌자, 교수님과 선배들은 나를 따로 불러 수차례 회유하기 시작했다. 다양한 활동을 병행하게 되면, 한 가지 일도 완벽히 수행하지 못할 것이다. 너의 그런 욕심은 오히려 학교 활동에 지장을 주고 다른 학생들에게 피해가 갈 것이다. 그러니 현재 맡은 책임을 다한 뒤, 휴학을 해서 입시를 준비해라. 만약 꼭 하고 싶다면, 현재 활동하는 자리에서 모두 물러나라고 하셨다. 하지만, 나는 소신대로 계획을 실천한다면 모든 일을 완벽히 수행할 수 있다고 자신했다. 그래서 나의 의사를 명확히 밝히고, 강한 의지를 보여드리고 나왔다. 주변에서 하는 말은 '나'를 기준으로 판단하는 것이 아닌 '본인'들의 경험과 기준으로 판단한 것이기 때문에 내 입장에서는 합리적이라고 볼 수 없었다. 나는 이번에도 '청개구리 유형'을 활용하여 주변의 걱정과 우려를 강력한 동기로 승화시켰다. 결과적으로 다른 학우들에게 피해가 가지 않도록 모든 활동을 잘 완수하였고, 약대도 휴학 없이 계획대로 진행하여 단번에 합격할 수 있었다.

도전에 있어서는 남에게 휩쓸리기보단
본인의 선택에 대한 믿음과 자신감이 더 중요하다.

4

실패는 남이 정하는 게 아니다. 물론 나도 아니다
−실패는 좌절이 아닌 작전타임이다

'피그말리온 효과'는 타인의 기대나 관심으로 인하여 결과가
긍정적인 방향으로 변해가는 현상을 말한다. 이와 반대의 의미로 사용되는
것으로는 '스티그마 효과'가 있다. '스티그마 효과'는 다른 사람들에게
무시당하거나 부정적으로 낙인이 찍히게 되면 당사자는
정말 부정적인 방향으로 변해가는 현상을 말한다.

사람은 관계를 형성하고 사는 동물이기 때문에 다른 사람이 하는 말에 쉽게 영향을 받게 된다. 그것이 당사자에게 긍정적인 결과로 작용한다면 '피그말리온 효과'이고, 부정적으로 작용한다면 '스티그마 효과'인 것이다. 이러한 효과는 말하는 대상이 권위자일수록 혹은 친밀한 관계일수록 크게 나타나고, 자아가 확립되지 않은 청소년기에 더욱 영향을 받기가 쉽다. 지금 설명하는 효

과들은 인간의 행동 유형과 심리를 분석하고 설명하기 위해 나온 해석이며, 절대적으로 모든 사람에게 적용되는 이론은 아니다. 타인의 의견에 쉽게 휘둘리는 사람도 있을 것이며 혹은 전혀 흔들리지 않는 유형의 사람도 있을 것이다. 하지만, 심적으로 힘들거나 좌절된 상황에 낙인이 찍히게 되면 '스티그마 효과'로 빠지기 쉬워진다.

우리는 학창 시절부터 어른으로 성장하면서 평생 크고 작은 수많은 도전들을 하고 있다. 도전이라는 것은 안정된 현재 상태에서 미래의 변화를 추구하기 위해 자발적인 에너지를 사용하는 것이다. 안정된 현재 상태를 벗어난다는 점에서 일종의 불안정한 상태가 되는 것이고, 앞으로의 방향성이나 결과를 예측할 수 없기 때문에 두려움이 생기는 것이다. 청춘이 늘 불안하고 두려운 것은 아무 것도 아닌 상태에서 미래를 향해 도전을 하기에 자연스레 생길 수밖에 없는 현상이다. 우리의 몸의 관점으로 보자면, 도전이라는 것은 신체와 정신에 스트레스를 준다. 스트레스의 크기에 따라 성취했을 때 얻은 보상(희열이나 성취감)의 크기도 달라진다. 이러한 성취감을 맛보기 위해 지속적으로 새로운 도전을 즐기는 사람들도 있고, 반대로 실패를 두려워해서 도전을 시작하지 못하는 사람들도 있다. 그럼에도, 우리는 끊임없이 도전을 해야 한다. 도전하지 않으면 현재 상태가 유지될 수밖에 없고 변화를 원한다면 무엇인가 행동을 해야 한다. 그전에 '도전'을 대하는 우리의 자세에 대해서 먼저 생각해볼 필요가 있다. 사회에서는 냉혹하게도 도전이라는 단어에 꼭 성공 혹은 실패라는 꼬리표를 달려고 한다. 내가 하는 도전에도 주변에 많은 사람들이 평가를 하고 댓글을 달기 시작한다. 우리들은 점점 그것에 길들여져 왔고, 성공의 꼬리표를 단 도전들을 모아서 이력서에 채우고, 실패라는 꼬리표를 단 도전들은 흑역사로 치부하거나 본인을 옥죄는 과거로 여긴다.

> It ain't over till it's over(끝날 때까지 끝난 게 아니다)
> - 요기 베라(미국 야구 선구, 1925-2015)

인생은 하나의 긴 여정으로 비유된다. 간단히 보면 '출생과 죽음'이라는 '처음과 끝'으로 이루어져 있고, 그 사이 공백은 하나의 연속된 시간의 흐름으로 이루어져 있다. 우리가 해오는 수없이 많은 도전들에 일일이 실패라는 꼬리표를 단다면, 그 순간마다 앞으로 나아갈 동력에 제동이 걸려버릴 것이다. '실패'라는 단어를 마침표라고 생각하는 사람들이 있지만, 인생의 마침표는 마지막 순간에만 찍도록 하자. 실패는 쉼표이다. 구체적으로는 전략 수정을 위한 '작전타임'이라는 의미로 쓰는 것이 낫다. 축구, 야구, 농구와 같은 스포츠 모두 작전타임 시간이 주어진다. 작전타임을 어떻게 활용하는지에 따라 뒤처지고 있던 점수 차를 좁히기도 하고, 모두의 예상을 넘어 지고 있던 경기를 뒤집어 승리를 거머쥐기도 한다. 반대로, 미리 패배감에 빠져 작전타임을 허투루 날려버린다면 게임은 패한 채 그대로 끝나버릴 수도 있다. 우리의 인생도 마찬가지다. 우리는 '작전타임'에서 직전의 도전 과정에 대해 철저히 분석해야 한다.

작전 타임에서는 어떤 분석을 해야 하는가?

- 다양한 변수(준비 기간, 준비 상황, 나의 상태, 외부 요소 등)에 의해 나의 도전 과정이 부정적인 영향을 받았는지 분석한다.
- 도전이 나에게 적합한 것이었는지 냉정하게 분석한다.
- 재도전 시, 성공 가능성이 높아질 수 있는지 분석한다.
- 본인의 동기 부여 정도나 마음가짐에 대해 다시 한번 확인한다.

철저하고 냉정하게 분석한 후, 나의 다음 선택을 합리적으로 결정할 수 있다면 이것은 '실패'가 아닌 '작전타임'이 될 수 있다. 타인의 눈에 비칠 때에는 도전이 단순하게 '도전 시작 → 결국 실패'라고 보일 수 있다. 하지만, 당사자의 입장에서는 새로운 도전을 하게 되는 또 다른 시작일 수 있고, 새로운 전략을 수립하는 작전 타임일 수 있는 것이다. 그러니 우리도 다른 사람의 도전을 실패라고 단정하지 말고, 다른 사람이 정하는 실패에도 쉽게 동의하지 말자. 당당히 말하자. "끝날 때까지 끝난 게 아니다." 특히 더욱 하지 말아야 할 것은 스스로 실패라고 규정하는 것이다. 우리는 어떠한 행동을 하더라도 경험이라는 귀중한 것을 얻는다. 선한 행동을 했다면 보람을 느꼈을 것이고, 못된 행동을 했다면 언젠가 후회를 얻을 것이고, 힘든 노력을 했다면 끈기와 성숙함을 얻었을 것이다. 우리는 도전을 통해 무엇인가를 얻고 있기 때문에 절대 실패는 아닌 것이다.

나도 살면서 크고 작은 다양한 도전들을 해왔고, 여전히 새로운 도전(이 책을 쓰는 것도 나에겐 큰 도전이다)을 하고 있다. 주변에서는 항상 나의 도전에 대해 댓글을 달거나 평가를 하곤 했다. 위에서 언급했던 다양한 효과들이 작용을 했지만, 결국에는 본인의 강한 의지와 노력을 이길 수 있는 것은 없다. 나는 앞서 언급한 피그말리온과 스티그마 효과에 각각의 반대 효과까지 합해서 과거에 겪었던 경험에 대해 이야기를 해보려고 한다.

- 피그말리온 효과: 칭찬을 받거나 기대를 받으면 긍정적인 결과를 보인다.
- 피그말리온의 역효과: 지속적인 칭찬을 받거나 기대를 받으면 부담감과 압박감에 휩싸여 부정적인 결과를 보인다.
- 스티그마 효과: 부정적으로 낙인 찍히게 되면 정말 부정적인 결과를 초래하게 된다.
- 스티그마의 역효과: 무시당하거나 부정적으로 낙인 찍히게 되면 승부욕이 생겨 긍정적인 결과를 도출하기 위해 노력한다.

어린 시절 나는 피그말리온 효과와 역효과를 모두 겪어왔었다. 주변 선생님, 친구들 그리고 부모님이 공부를 잘한다고 하거나 기대감을 보여주면 '그 기대에 걸맞은 수준'을 유지하기 위해 더욱 노력하고 최선을 다 했었다. 처음에는 작은 도전을 통해 좋은 결과를 얻으면 주변에서는 만족이 될 것이라고 생각했는데, 점점 기대감이 커지는 속도를 나의 노력과 열정으로 따라잡기가 버거워지기 시작했다. 이 순간부터 피그말리온 역효과가 시작됐던 것 같다. 부담감과 압박감에 사로잡혀 작은 도전조차도 시작 전부터 걱정을 했고, 나 자신의 실력이 '한순간에 사라지진 않을까?'라는 의구심을 품기도 했다. 그럴 때면 주변에서는 "이번에도 당연히 잘 보겠지?", "여태껏 잘해왔는데, 네가 무슨 걱정이냐? 그래 놓고 잘할 거면서 엄살 피우지 마"와 같은 이야기를 듣곤 했다. 그래서 주변에서 하는 기대와 관련된 말은 듣기 싫어했고, 최대한 듣지 않으려고 노력했다. 한 번의 실수로 인해 돌아올 실망감과 비난을 견뎌낼 자신이 없었다. 하지만 역효과를 이겨내려는 노력보단 회피하려고만 했던 것은 결국 결정적인 순간에 큰 폭풍이 되어서 돌아왔다. 바로 '수능'이었다. 수능이라는 이름이 수험생에게 주는 압박감은 경험해본 사람이라면 모두 공감할 것이다. 1년에 한 번, 인생의 시작이라는 의미가 강한 시험의 압박감에 피그말리온 역효과가 합쳐져서 결국 시험을 망치게 되었다. 재수를 포함하여 총 2번의 수능을 치렀는데, 수십번을 치른 모의고사 성적을 포함했을 때, 가장 낮은 2번의 성적이 수능이 되었다. 결국 주변에서는 나보다도 먼저 나를 '실패한 사람'으로 낙인 찍어 버렸다.

패배자로 낙인 찍힌 나는 스티그마 효과로 인해 계속 패배한 인생을 살아가게 되었을 수도 있었다. 하지만, 정말 신기하게도 나는 2번의 수능을 망친 이후 크게 좌절하지 않았다. 반대로 너무 홀가분했다. 친구들도 "너 수능 망친 애 맞냐?"라고 할 정도였다. 나를 누르고 있던 기대감이 사라지니, 부담감과 압박감 또한 자연스레 사라졌다. 이 순간부터 '스티그마의 역효과'가 나타났다. 나는 아직 젊고, 다시 처음인 상태가 되었다. 천천히 나의 기반을 잘 다지고 자신감을 회복하여 주변에 쉽게 흔들리지 않을 정신 상태를 만들자고 생각했다. 수능이 끝난 뒤, 나는 남들이 규정한 실패가 아닌 '나만의 작전타임 시간'을 가졌다. 냉정하게 분석해 보니 그 당시 나는 기대감과 부담감을 이겨낼 상황이 아니었다. 삼수를 도전한다고 해서 성공할 확률이 높다고 확신할 수 없었다. 나는 과감하게 전략을 수정했다. 수능 도전은 여기서 마무리 짓고, 새로운 도전을 시작할 준비 기간을 갖는 것이었다. 그렇게 새로운 돌파구를 찾다가 나는 약학대학 입시제도를 알게 되었고, 이를 준비하기 위해 삼수가 아닌 성적에 맞춘 대학을 지원하게 되었다.

어린 시절 친구들끼리 놀 때 하는 말이 있었다.
"타임! 타임! 타임일 때는 건들지 마!"
우리 모두 누군가 작전 타임일 때는 건들지 말고
조금만 기다려주자.

5

목표 달성의 가장 큰 적 '슬럼프'
―슬럼프가 생기는 이유

체육학에서 쓰이는 슬럼프(slump)의 뜻은 '스태미나 또는 에너지의 부진 상태로 스포츠의 연습 과정에서 어느 기간 동안 연습 효과가 올라가지 않아 스포츠에 대한 의욕을 상실하고 성적이 저하되는 시기'를 말한다.

영국 프리미어리그의 명문 맨체스터 유나이티드에 입단한 우리나라 최초의 선수인 박지성은 아시아인도 영국리그에서 통할 수 있음을 보여준 좋은 사례가 되었다. 아시아 선수로는 최초로 UEFA 챔피언스리그 결승전 선발 출전(2008-09, 2010-11), UEFA 챔피언스리그 결승전 우승(2007-08), 영국 프리미어리그 우승과 100경기 출장이라는 기록을 달성했다. 이런 엄청난 선수 생활을 했던 그에게 역시 슬럼프의 시기가 있었고, 이를 극복하기 위해 숨겨진 피나는 노력이 있었다. 그는 2002년 월드컵 이후, 히딩크 감독과 함께 네덜란드 PSV 아인트호벤에 입단하였다. 유럽 무대에 진출한 그가 처음으로 마주한 것은 '동양인을 낯설게 바라보는 유럽 관중들'이었다. 그를 바라보는 수많은 관중들과 언론들로 인해 그는 무엇인가 보여주어야 한다는 강박감에 사로잡히게 되었고, 그것은 잦은 실수를 유발하였다. 결국 크고 작은 실수들은 혹독한 언론의 평가와 관중의 야유로 돌아오게 되었다. 그의 자신감은 계속 떨어졌고, 결국 처음으로 공이 두려워졌다고 했다. 바로 슬럼프였다. 하지만, 박지성은 포기하거나 주저앉지 않았고 극복하기 위한 엄청난 노력을 시작했다. 실패의 두려움과 강박감을 깨부수기 위해 그는 연습과정부터 스스로에게 작은 칭찬을 하고 다독여가며 조금씩 자신감을 되찾아갔다. 1년이라는 시간이 걸렸지만, 결국 공에 대한 두려움이 사라졌고 그는 기량을 되찾아 우수한 플레이를 선보이며 관객들로부터 환호를 받게 되었다. 그는 결국 실력을 바탕으로 한국인 최초로 맨체스터 유나이티드에 입단하는 쾌거를 이뤘다.

우리는 흔히 공부가 되지 않은 시기나 성적이 부진하게 될 때에 '슬럼프에 빠졌다'라는 표현을 사용하곤 한다. 스포츠에서도 주로 성적이 좋았던 팀 내의 에이스가 기술적 악화, 심적 동요나 외부 요인 등으로 인해 실력이 저하되어 성적이 나오지 않는 경우에도 '저 팀의 에이스 요즘 슬럼프야'라고 말한다. 일상생활에서 사용하는 슬럼프의 의미는 '공부나 일을 하려고 아무리 노력해도 이해가 잘 되지 않고, 성적이나 결과가 잘 나오지 않아 좌절에 빠지는 것'을 일컫는다. 오랜 기간 공부나 동일 직장에서 업무를 해본 경험이 있다면, 누구나 한 번쯤 슬럼프나 혹은 비슷한 경험을 겪어봤을 것이다. 그러한 상황에서 각자만의 대처법도 있을 것이고, 극복했던 경험도 해봤을 것이다. 가끔 어떤 사람은 슬럼프가 없이 쭉 한결같은 실력을 유지하는 경우가 있고, 어떤 사람은 주기적으로 슬럼프에 빠져 반복되는 현상으로 인해 지쳐 있기도 하다.

그렇다면 슬럼프에 빠지는 주된 원인은 무엇이었을까? 혹시 사람들은 성격에 따라 대처하는 방법이 다르지 않을까? 슬럼프에 잘 빠지지 않는 사람들은 어떤 생각을 가지고 있을까? 이번 편에서는 이런 궁금증을 다뤄보려고 한다.

장기간 공부 혹은 업무 시에 발생하는 슬럼프의 주요 원인

1) 외부의 원인

① 주변 관계와의 문제

가족 간의 갈등, 친구와의 갈등, 연인과의 갈등 혹은 타인과의 갈등에서 오는 고민과 스트레스가 본인의 공부나 업무에 영향을 주는 경우이다. 근본적인 문제(관계에서의 갈등)를 원만히 해결해야 본인의 공부와 업무에 온전히 집중할 수 있는 여유가 생긴다.

② 상황의 문제

집안 문제, 경제적인 문제, 건강 문제 등 다양한 상황이 본인의 온전한 집중을 흐트러뜨리는 경우이다. 경제적인 이유로 삶의 기본인 의식주가 안정되지 않는다면 슬럼프에 빠질 가능성이 높다. 집안에 안 좋은 일이 생겼거나, 가족, 본인 혹은 연인의 건강이 악화되었을 경우에도 이에 해당한다. 이외에도, 주변에서 주는 압박감 혹은 기대감으로 인해 본인의 온전한 실력을 발휘하지 못하고 제 페이스를 잃는 경우도 있다.

2) 내부의 원인

- 피로 누적
- 동기부여의 부족
- 시험 준비 혹은 업무의 본질을 잊을 때
- 흐트러진 마음가짐
- 잘못된 공부 방법

슬럼프의 원인을 살펴보면 외부의 원인에 비해 내부의 원인은 미리 파악하고 예방할 수 있다.

① 피로의 누적

육체적 혹은 정신적 피로 누적은 적당한 휴식을 취해주어야 한다. 사람의 몸에는 생체 리듬이 있기 때문에 장기간 시험을 준비하거나 업무를 하는 경우에는 육체적인 피로를 상시 관리해주어야 하고, 정신적인 스트레스도 또한 꾸준히 해소해주어야 한다. 육체피로와 정신적 피로는 누적이 되기 때문에 우리 몸에 계속 쌓이게 되면 나중에 걷잡을 수 없게 된다. 적당한 휴식은 슬럼프를 사전에 예방하여 더 긴 호흡으로 시험을 준비하거나 업무를 임하는 데에 도움을 준다.

② 동기부여의 부족

본인이 왜 공부를 하고 시험을 준비하는지 혹은 왜 회사에서 해당 업무를 하고 있는지에 대한 명확한 동기 부여가 되어야 한다. 하지만, 오랜 시험 준비기간이나 업무과정을 통해 초심이 퇴색되고 기존 생각에 변화가 생겨, 긴 호흡을 유지하기 힘들 때가 있다. 늘 초심을 되새기는 것도 중요하지만, 본인만의 단기 목표를 설정하여 이를 달성해가는 것도 도움이 된다. 예를 들어, 공부의 경우에는 모의고사 성적 높이기, 문제집 몇 권 풀기, 목표 범위까지 공부하기 등이 될 수 있다. 업무의 경우에는 해당 프로젝트를 언제까지 달성하기, 상사나 동료에게 칭찬 듣기, 업무 숙련도 높이기 등이 될 수 있다. 공부를 하는 과정이나 업무를 하는 과정이 메마른 사막처럼 답답하고 삭막할 순 있어도, 그 속에서 오아시스 같은 활력을 불어넣는 것은 '본인의 몫'이다.

③ 시험 준비 혹은 업무의 본질을 잊을 때

시험을 준비해 가면서 많은 암기 과정을 거치고, 많은 문제들을 풀게 되고, 수많은 모의고사를 통해 본인의 실력을 점검할 것이다. 마찬가지로 업무에서도 많은 일들을 처리하고 반복하면서 어느 정도 숙련의 단계에 들어설 것이다. 사람의 마음은 '투자를 한 만큼 회수를 해야 된다'는 보상심리를 가지고 있다. 이러한 심리에 반하는 결과가 나오게 되면 자괴감에 빠지거나 흥미를 잃게 된다. 시험이라는 결전의 날을 제외하고 치러지는 어떤 형태의 연습 혹은 모의시험의 결과는 약간의 자신감을 유지하는 정도로만 활용을 해야 하며, 자만심이 되거나 자괴감이 되어서는 안 된다. 업무에서 입사 초기에는 새로운 업무들을 배워가면서 성장한다는 느낌을 받지만, 어느 정도 숙련되고 반복 업무를 하게 되면 정체되어가고 부속품이 된다는 느낌을 받으며 스스로 발전이 없고 멈춰 있다고 생각하게 된다. 하지만, 그런 숙련된 업무를 겪어야만 업무체계의 흐름을 명확히 알고 그 속에서의 불편한 점도 바로잡을 수 있는 것이다. 이후, 관리직으로 진급을 하게 되면 부하직원들에게 효율적이고 체계적인 업무지시를 내릴 수도 있게 된다. 실력의 상승은 '양자역학에서 말하는 불연속적 그래프'와 닮아 있는 것 같다. 시험이나 발전이라는 목표를 향해 달려가는 성장 과정

중에 나를 흔들리게 하는 요소들은 많다. 특히, 가시적으로 보이지 않는 실력의 상승이나 투자한 노력에 비례하지 않는 발전의 정도는 나의 기운을 빠지게 하고 지치게 만드는 원인이 된다. 실력 상승은 투자한 시간에 정비례하는 직선이나 곡선형 그래프가 아니고 계단식 그래프이다. 즉, 시간을 투자해도 정체되어 있는 시기가 있다는 것이다. 이런 시기가 '슬럼프'가 생기기 쉽다는 것을 잘 이해한다면, 오히려 슬럼프를 '나를 돌아보는 기회'로 삼아 현명하게 대처해 나가고 극복할 수 있을 것이다.

④ 흐트러진 마음가짐

이는 '동기부여의 부족'이 비슷한 이야기일 수는 있지만, 외부의 다른 요소에 의해 영향을 받지 않아야 한다는 것이다. 이는 주로 마음에서 오는 유혹이 될 수 있다. '놀고 싶은 마음', '쉬고 싶은 마음', '이만하면 충분했겠지?', '어차피 대충해도 아무도 모르잖아', '맨날 하던 일인데 안 봐도 되겠지' 등과 같이 마음이 흐트러진다면 본인의 하는 일에 집중을 할 수 없게 되면서 반복적인 슬럼프에 빠질 가능성이 높다.

⑤ 잘못된 공부 방법

사람마다 공부 방법은 천차만별이다. 어릴 때부터 본인에게 맞는 공부 방법을 찾았다면 정말 행운이다. 하지만 나이가 들면서 조금씩 맞지 않기도 하고 단기간 공부법과 장기간 공부법에는 방법에서 차이가 있을 수 있다. 특히 장기간 공부하는 경우에는 공부 방법에 따라서 슬럼프가 생기기도 한다. 사람이 한 자리에 앉아서 높은 집중력을 유지하는 시간은 6~8시간 정도라고 하는데, 실제로 큰 시험을 준비하는 경우에는 15시간 정도의 시간을 앉아 있곤 한다. 즉, 하루의 절반의 시간을 공부에 할애하기 때문에 이를 비효율적으로 활용하거나 흥미를 붙이지 못한다면 슬럼프에 빠지기 쉬워진다. 공부방법뿐 아니라 과목별로 공부 순서를 잘 배치하거나 인터넷 강의를 듣는 시간을 중간에 잘 섞는다면 효율적으로 시간을 활용할 수 있을 것이다. 또한, 공부 외에도 휴식시간 등을 적절히 배치하면 작은 시간의 투자로도 오랫동안 높은 집중력을 발휘할 수도 있다.

나는 주변 또래들에 비해 가방 끈이 긴 편이다. 중학생 때부터 본격적으로 공부를 시작했고 지금까지도 꾸준하게 매일 공부를 하고 있다. 오랜 기간 공부를 하고 있지만 딱 한번을 제외하고는 슬럼프에 빠진 경험은 거의 없다. 내가 공부를 좋아해서 그런 것은 아니다. 나는 외부적인 원인에 의해 큰 슬럼프를 겪었었다. 주변에서 갖는 나에 대한 과한 관심과 높은 기대감으로 인해 잘 해야 한다는 압박감에 시달렸고, 이는 결국 불안 장애로까지 이어졌다. 결국 시험 당일, 불안감이 급증했고 제 실력을 발휘하지 못해 망치게 되었다. 오랜 기간 공부하고 시험을 준비해오던 내가 시험장에 들어가는 것이 두려운 상태가 되었다. 결국 재도전을 포기하게 되었고, 슬럼프를 극복하기 위한 노력을 시작하였다. 나의 마음가짐을 처음부터 다시 쌓기 시작했고, 자신감과 자존감을 높이기 위해 오랫동안 노력하였다. 그 후로는, 오랫동안 공부를 해도 시험 과정에서 쉽게 멘탈이 흔들리지 않고 나의 페이스를 유지할 수 있게 되었다.

공부에 대한 마음가짐을 바꾸고 난 후, 다음과 같은 특징들이 생겼다.

- 벼락치기를 하지 않고, 매일 꾸준히 공부를 한다.
- 오랜 시간을 공부하지 않고, 정해진 계획대로 정해진 양을 끝내고 쉴 때는 쉰다.
- 본인만의 단기간 목표(일일 목표, 주간 목표 등)를 확실하게 정하고, 각 단계마다 꼭 성취감을 얻고 스스로를 칭찬해준다.
- 싫어하는 과목일수록 더 노력하여 끝내 제일 잘하는 과목으로 탈바꿈한다.
- 모의고사를 망치면 더 좋아한다. 그것은 연습에서 내가 모르는 부분을 점검할 수 있기 때문이다.
- 마음가짐에서 차이가 있다. 항상 지금보다 더 나은 상황을 지향하면, 현재의 상황이 늘 힘들고 괴로울 수밖에 없다. 지금의 상황 혹은 선택이 그래도 최악의 상황이 아니라고 생각한다면, 압박에서 벗어나 더욱 열심히 노력할 수 있는 힘이 생긴다.

현재 나에게 슬럼프를 유발할 외부 상황
(건강 문제, 경제적인 어려움 등)이 없다는 것에 감사하며,
이런 문제들이 언제 닥칠지 모른다고 생각하면
지금 현재 순간에서 최선을 다할 수밖에 없는 것 같다.

6

첫 직장은 실패할 수밖에 없나? '번 아웃 증후군'
-혹시 우리는 괴리감에 속고 있진 않을까?

Life isn't about waiting for the storm to pass⋯
it's about learning to dance in the rain.
-Vivian Green

인생은 폭풍우가 지나가길 기다리는 것이 아니다⋯
빗속에서 춤추는 것을 배우는 것이 인생이다.
-비비안 그린

2020년 6월에 소셜미디어 '블라인드'에서 약 10,000명의 직장인을 대상으로 실시한 설문 조사 결과에 따르면, 89%의 직장인이 '번 아웃 증후군'을 경험해본 적이 있다고 답했다. 추가로, 직장에서 몇년 차에 가장 큰 번 아웃 증상을 겪었는가?라는 질문에는

'1~3년 차'로 대답한 사람이 32%로 가장 많았고, 그 다음으로는 3~5년 차(25%), 7년 차 이상(20%), 1년 차 이하(12%) 그리고 5~7년 차(11%) 순이었다. 번 아웃 증상의 원인에 대한 질문에서는 '과도한 업무량(46%)'이 가장 많았고, 루틴한 일상(18%), 직장 내 관계(13%), 보이지 않는 성과(12%) 그리고 직무 불만족 순(11%)으로 나타났다. 마지막으로 극복의 방법으로는 집에서 휴식(40%)이 가장 많았고, 이를 이어 새로운 활동(취미나 부업)(29%), 부서이동 혹은 이직 준비(22%) 그리고 고민상담(9%)이 있었다.

설문조사 결과를 놓고 보면 거의 대부분의 직장인들이 '번 아웃 증후군'을 겪는다는 것이다. 번 아웃(Burn out)의 뜻은 '불타서 없어진다, 연소'를 의미하는 단어였는데, 처음 사용된 것은 약물 중독자들을 상담하는 전문가들이 무기력증에 빠지는 것을 '번 아웃'이라고 표현하면서 시작되었다. 즉, 직장에서 업무 혹은 다른 이유로 인해 만성적인 스트레스가 제대로 관리되지 않고 지속되면서 '활력이 소진된 상태'로 빠진 것을 의미한다. 번 아웃 증후군의 대표적인 증상은 아래와 같다.

- 에너지 고갈과 회복되지 않는 만성 피로
- 직장이나 업무에 대한 거부감, 냉소주의, 부정적인 생각
- 집중력과 업무 효율 감소

특히 현대사회는 성공 지향적이며 성과 위주로 사람을 평가하다 보니 개개인에게 과도한 업무가 지속적으로 부과된다. 불편한 업무환경에서 원활한 휴식을 취하지 못하고 스트레스를 해결할 시간적 여유가 없으며, 끼니를 거르거나 대충 때우는 경우도 허다하다. 건강한 몸에 건강한 정신이 깃들지만, 계속 지쳐만 가는 몸에는 더 이상 온전한 정신과 활력이 깃들기 힘들어진다. 그럼에도 우리는 돈을 벌기 위해 무거운 몸을 이끌고 출근을 하고 있다.

설문조사 결과를 보면, 신입사원의 딱지를 떼고 본격적으로 업무가 몰리게 되는 1~3년 차에 가장 스트레스를 많이 받고 번아웃 증상을 겪는 것을 알 수 있다. 취업을 준비할 때의 설렘, 기대감 그리고 초심은 온데간데없이 사라지고, 어느새 업무에 찌들어진 나 자신과 마주하게 된다. '이것이 정말 내가 꿈꿔오던 직장이 맞는가?', '나는 결국 대체되는 하나의 소모품이 아닌가?', '이런 대우를 받으려고 이렇게 고생했을까?'라는 생각들이 머릿속을 가득 채우게 되고, 결국 새로운 변화를 위해 퇴사를 하는 사람들도 점점 생기기 시작한다. 취업 포털 '인크루트'와 알바 앱 '알바콜'의 설문 조사 결과(직장인 1,831명 대상), 첫 직장을 퇴사하여 직장을 옮긴 경험이 있는가?라는 질문에 87.6%가 그렇다고 답했고, 퇴직 시기는 '1년 미만'이 30.6%로 가장 높았다. 그 다음으로는 '1년~2년 미만(29.7%)'과 '3년 미만(15.4%)' 순으로 나타났다. 결국 첫 직장에서 '번 아웃 증상'을 겪게 되면 퇴사로 이어질 가능성이 상당히 높다는 것이다. 그러면 대기업 퇴사율은 낮을까? 대기업 퇴사율은 86.8%로 영세기업(90.3%), 중소기업(88.1%), 중견기업(87.2%)에 이어 4번째를 기록하긴 했지만, 기업의 규모와 무관하게 모두 수치적으로는 높은 수준이다.

이번 화에서 다루고 싶은 주제는 '내가 첫 회사를 퇴사하고 싶은 이유를 명확히 하자'이다. '혹시 내가 번 아웃 증후군에 속아 이성적이고 합리적인 판단을 하지 못하는 게 아닐까?'라는 물음을 스스로에게 던져보자는 것이다.

일반적으로 이직이나 퇴사를 고려하는 경우

- 내가 생각하는 미래 비전과 회사가 맞지 않을 경우
- 현재 회사의 연봉 수준이 나의 기대치와 맞지 않을 경우
- 회사의 미래가 불투명할 경우(회사의 조직문화 포함)
- 직종 전환이나 새로운 도전을 하기 위한 경우

이직이나 퇴사를 '다시 한번만 더' 생각해봐야 하는 경우

- 다른 조건은 모두 괜찮은데 특정 사람(들)이 너무 싫을 때
- 내가 원하던 삶이었는지 갑자기 회의감이 들 때
- 이유는 잘 모르겠는데 몸과 마음이 지치고 힘들 때

- 그냥 일하기가 싫어지는 경우
- 현실적으로 자기 객관화가 명확히 되었는지 판단하기(본인의 능력을 과대평가하진 않았는지 파악할 필요도 있다)

    사람마다 차이는 있지만, 대부분의 사람들은 '첫 직장'을 매우 중요하게 생각한다. 첫 단추를 잘못 끼우면 그 다음부터 어긋난다고 여기기 때문이다. 첫 직장을 평가할 때는 '어떤 환경'에서 일하는지? '어떤 사수'에게 배우는지?, '첫 연봉은 얼마인지?', '이곳이 나를 성장시켜주는지?' 등의 스스로의 기준을 세우게 된다. 그만큼 우리는 첫 직장에 대한 각자만의 '이상적인 모습'을 가지고 있다. 하지만 실제 우리가 첫 직장에 입사하여 겪게 되는 현실은 이상과는 상당한 괴리가 있다. 이러한 괴리는 우리를 고민하게 만들거나 새로운 변화를 추구하게 만들기도 한다. 본인이 추구하는 방향을 찾아 이직해서 성공했고 그 곳에서 만족한다면 칭찬할 일이다. 하지만 다른 경우에 대해서 이야기해보려 한다. 괴리감으로 인해 생긴 '번 아웃 증후군'에 대한 것이다. 우리는 멋진 직장 생활을 꿈꾸면서도 '스스로 건강하게 직장생활을 하는 법'을 모르기 때문에 첫 직장에 오래 다니기를 실패한다.

첫 회사에서 느낀 괴리감이 '번 아웃 증후군'으로 이어지는 약간 과장된 상황

① 꿈에 그리던 회사에 취업을 성공을 하고 큰 기대감과 열정을 가지고 입사하게 된 신입사원 김그레 씨.
② 열정과 의욕이 넘쳐 궂은일도 맡아서 하고, 자진해서 야근까지 하는 멋진 김그레 씨.
③ 하지만 영혼이 가출한 선배들과 '월급 루팡'이 꿈이라는 입사 동기. 타자 소리밖에 들리지 않는 침체된 분위기에 익숙해진다.
③ 1년이 지난 후, 김그레 씨는 또 한 명의 선배가 되었고, 매일 같은 루틴의 업무 속에 파묻혀 살게 된다. 회사에서는 업무 몰아주기, 책임 전가, 비효율적인 일처리에 정이 떨어진 지 오래지만, 그렇다고 새로운 도전을 하기는 두렵고, 매달 찍히는 월급에 위안 삼으며 현실에 안주하고 있다.
④ 만성 피로에 찌들어서 평일은 주말을 버티며 살고 있고, 막상 주말이 되면 다음주 출근을 위해 집에 누워서 쉬기만 한다. 그나마 스트레스를 풀겠다고 배달음식을 시켜 집에서 혼술을 하는 것을 위안으로 삼고 있다.
⑤ 오랜만에 거울을 보니 얼굴도 생기가 없어지고, 살도 찐 것 같고, 허리도 아픈 것 같고, 눈도 침침하고, 변비와 치질도 생기고… 몸이 이상해지고 있는 것을 직감한다. 남들

다하는 연애는 꿈도 꾸지 못한다. 행복한 삶이 무엇인지 의문이 든다.
⑥ 계속된 만성피로에 면역력도 떨어지고 잔병치레도 잦아진다. 언제부턴가 성격은 예민해졌고, 우울하기도 하고 외로움도 타는 것 같다. 김그레 씨는 '내가 원하던 일을 하고 있는 건지?', '혹시 이 회사에 들어오면서 내 삶이 망가졌나?', '그러면 탈출해야 하나?' 점점 모든 것에 회의감이 들기 시작하고, 슬슬 퇴사를 고민하기 시작한다.

'번 아웃 증후군'을 겪고 퇴사를 한 후에 다시는 비슷한 업종의 직장을 가지 않겠다면 퇴사를 말리지는 않겠다. 다만, 또 비슷한 업종이나 환경의 직군으로 재취업하겠다면 일단 다시 한번 신중히 고민해보자. 현실적으로 짧은 기간의 경력을 가지고 재취업해서 업무환경이나 조건이 개선된 회사로 이직하는 경우는 사실 드물다. 보통 이직을 하더라도 전 회사와 크게 다르지 않은 경우가 많다. 즉, 회사라는 조직문화와 업무환경에서 '나를 스스로 지켜내지 못한다면' 어디를 가도 비슷한 상황이 반복될 것이라는 의미이다. 워라밸(일과 삶의 균형)을 보장해주는 회사가 있다면 당장 가라! 하지만 잘 알다시피 그런 회사보다는 그렇지 않은 회사가 더 많다. 결국 우리는 일을 하면서 우리의 건강도 지키기 위해 '마인드 컨트롤'을 해야 한다는 것이다.

2021년이 되면서 나도 서른이 되었다. 보통 남자들이 군대를 다녀오고 27~29세에 첫 취업을 한다고 했을 때, 나의 주변 지인들은 입사한 지 1~3년 차 정도가 된 시점이다. 대다수의 지인들이 '번 아웃 증후군'을 겪었었고, 그걸 이겨내지 못하고 퇴사한 사람도 많았다. 이후, 재취업에 성공한 친구들을 살펴보면 일부는 이직에 만족했지만, 나머지는 또다시 '번 아웃 증후군'을 겪고 있었다. 사람은 본인의 판단기준을 첫 경험으로 두는 경향이 강하다. 상대적으로 일이 많고 힘든 근무환경에서 일을 했던 사람이 적당한 근무환경으로 이직을 하면 만족을 하는 반면, 일이 적은 곳에서 근무를 하다가 일이 적당한 곳으로 이직을 하면 불만족하고 힘들어한다. 그래서 인터넷에서 회사 평가를 무조건 믿고 취업을 하면 실제와 다소 차이가 있는 이유이다. 반대로 재취업에 실패한 친구들은 퇴사를 후회하고 있다. 처음에는 당장 죽을 것처럼 회사를 나왔지만, 행복한 것도 잠시였고 다시 취업준비에 대한 고민과 두려움에 휩싸여 불안해하고 자존감도 낮아졌다. 본인을 받아주는 회사만 있다면 '이전 회사'보다 좋지 않은 곳도 가려고 하고, 이전 회사를 다닐 때보다 건강이 더 악화되는 경우도 보았다. 퇴사를 준비할 때에는 계획 없이 지쳐서 나오기보단 강한 결심과 계획을 가지고 나오는 것이 정말 중요해 보인다.

　나는 현재 4년 차 직장인이고 팀장으로 근무를 하고 있다. 업계 특성상 대부분의 업무가 팀장에게 몰리게 되고 책임져야 하는 일이 상당히 많다. 항상 팀원들에게 업무를 지시하고, 보고 받고, 피드백을 해주고, 직원관리도 하면서 나의 업무 또한 병행하다 보니 일이 많아졌고 '번 아웃 증상'도 자주 찾아왔다. 초기에는 1년에 한두 번씩 찾아왔지만 스트레스를 해소할 시간적 여유나 마음의 여유가 없어 집에서 쉬는 것이 전부였다. 그냥 집에서 쉰다고 해서 신체적으로나 정신적으로 건강이 좋아진 것도 아니었다. 초기에는 젊음과 열정을 내어주고 경험을 얻기 위해 참고 버텨보려고 했었다. 하지만 결국 견디는 것에도 한계가 있었고, 몸과 마음이 점점 피폐해지는 것을 느꼈다. '과연 내가 선택한 길이 옳았을까?', '다른 사람들처럼 쉬운 길을 갔어야 했나?'라는 생각도 많이 들었지만, 초심을 잃고 내가 택한 길을 바로 포기하고 싶지는 않았다. 나도 빗속에서 춤추는 법을 배워야 했다.

1) 점점 익숙해지는 업무도 재미있게 즐겨보자

각자 하는 업무의 종류는 다양하겠지만, 나는 가끔 '타이쿤 게임'이라고 생각하면 재미있게 느껴진다. '타이쿤 게임'은 경제적인 활동을 통해 무엇인가를 경영하는 것에 초점을 맞춘 시뮬레이션 게임이다. '붕어빵 타이쿤'처럼 손님들이 와서 화를 내면서 붕어빵 5개를 달라고 한다. 열심히 반죽을 넣고 팥을 넣고 있는 사이 또 다른 손님이 와서 붕어빵 3개를 달라고 한다. 나는 허겁지겁 반죽을 추가로 넣다가 좀 전에 넣어둔 반죽을 태워버렸다. 그러면 손님이 화를 낸다. 물론 일을 하면서 태우면 안 되겠지만, 하나의 업무들을 퀘스트라고 생각하고 완벽하게 해치워가는 재미를 느껴보는 것도 좋은 방법이 될 수 있다. 또한, 수많은 문제 상황에서 스트레스 받기보단 새로운 방법을 제시해보고, 결국 문제가 해결됐을 때의 짜릿함을 느껴보는 것도 새로운 즐거움이 되기도 한다.

2) 업무는 퇴근하면서 놓고 오자

초기에는 워커홀릭처럼 야근하고 집에 와서도 업무생각을 했던 것이 비일비재했다. 단기적으로는 좋은 성과를 내고 주변에서 인정을 받을 수는 있지만 결국 내 스스로가 지치는 상황이 오게 된다. 우리 몸의 스트레스를 적절하게 풀어주고, 나만의 시간을 가지는 것이 장기적으로 일을 할 수 있는 방법이라는 것을 알게 되었다. 업무는 최대한 근무시간 내에 효율적으로 하려고 노력하고, 퇴근 후에는 머릿속에서도 지워버리자. 근무시간에 우리는 회사원일지 몰라도, 퇴근한 후에는 누구도 명령할 수 없는 '나'이다. 퇴근 후 시간은 오로지 나를 위해 사용하자.

3) 새로운 것에 도전하자

입사 후, 한동안 나도 집에 와서 저녁을 먹고 누워서 쉬면서 핸드폰이나 TV를 보는 게 전부였다. 처음에는 스트레스가 풀리는 것 같아 좋았지만, 몸이나 정신이 리프레쉬되는 느낌보다는 계속 더 휴식을 갈구하고 정신적으로 늘어지는 기분만 들었다. 이런 기간이 길어지자 몸은 오히려 더욱 녹초가 되고, 스스로도 수동적으로 바뀌는 기분이었다. 이를 바꾸기 위해 능동적이면서 경험해보지 않은 새로운 활동을 도전하기로 마음먹었다. 매주 3회 이상 가볍게 헬스를 하고, 영어 회화 공부와 재테크 공부를 시작했다. 최근에는 '글쓰기'에 특히 집중을 하고 있다. 처음 시작하게 된 도전이지만, 이전에는 겪어보지 못한 새로운 즐거움을 얻고 있다. '퇴근 후 시간'을 '나만의 시간'으로 바꾸고 나니 핸드폰이나 TV도 전혀 보지 않게 되었다. 점점 새로운 활력도 생기고 예전처럼 출근하는 것도 싫지 않아졌다. 평일 동안 주말을 기다리면서 영혼 없이 보내는 것이 아니고 매일 하루를 새롭게 보내고 있다. 덕분에 번 아웃 증상도 사라졌다. 항상 느끼던 만성피로도 사라졌고, 오히려 적당한 시간만 취침을 해도 개운하고 피로도 풀리게 되었다. 직업에서 만족감이나 성취감을 못 찾을 수도 있다. 그렇다면 다른 취미나 활동을 통해 꼭 매슬로우(Maslow)의 욕구 5단계 중 상위 욕구인 '자아실현의 욕구(자기 완성, 삶의 보람)'를 충족시키길 바란다. 하위 욕구인 '생리적 욕구(식욕, 배설욕, 성욕, 수면욕 등)'에서는 채워질 수 없는 만족감을 얻게 된다면 그 동안 해결되지 않았던 고민들과 스트레스들이 순식간에 사라질 수도 있다.

직장 생활이라는 폭풍우는 죽을 때까지 멈추지 않는다.
우리는 반드시 그 속에서 춤추는 법을 찾아야 한다.

7

소중한 일상을 한순간에 무너뜨리는 '불안 장애'
−더 이상 남의 일이 아니다. 우리도 겪을 수 있다

> 우리를 불안하게 하는 것은 '내일 혹은 미래에 대한 불확실성'
> 때문이 아니다. 내일 혹은 미래에 대한 '불확실성을 통제'
> 하고자 하는 마음에서 시작된다.

2020년 연말을 뜨겁게 달궜던 화제의 드라마 '펜트하우스 시즌 1'은 높은 시청률을 기록하며 종영하였다. 펜트하우스의 어른들은 자식들을 최고로 만들기 위해 온갖 궂은일은 마다하지 않고 정상을 향한 끝없는 욕망을 드러낸다. 그중, 특히 천서진은 실력이 부족할 딸에게 본인의 명예, 부 그리고 스포트라이트를 물려주기 위해 못된 짓도 망설이지 않는 악착같은 모습을 보여주었다. 그녀의 딸 하은별은 집안의 높은 기대감에 엄청난 심리적 압박을 받고 있었다. 실패에 대한 두려움이 많고 실력이 들킬까 늘 불안에 떨고 있었다. 하은별은 예술고등학교 입시 오디션 시작부터 불안 증세를 보이더니 결국 엄마의 기대감에 대한 압박을 이겨내지 못하고 시험장을 뛰쳐나가버린다. 이는 '불안 장애'의 한 현상으로 본인의 일상생활에 큰 영향을 주는 것을 볼 수 있다. 그럼에도 집안 배경을 이용해 예고에 합격한 하은별은 본인의 거짓 실력이 들통날까 항상 두려움에 시달리는 '가면 증후군'으로 발전하게 되었다.

상담과정에서 '불안 장애'에 대한 이야기를 꺼내는 것은 늘 조심스럽고 어렵다. '불안 장애'라는 단어를 듣는 것만으로도 힘들어하는 사람, 자신의 상태를 숨기거나 병이 아니라고 부정하는 사람 혹은 쉽게 마음 속 이야기를 꺼내지 못하는 사람도 있다. 이를 겪어보지 않는 사람들 중에는 불안 장애를 가벼운 감기 수준의 질환으로 생각하거나 편하고 나약하게 살아서 생긴 병이라고 오해하는 사람도 많다. 그러나 최근에 많은 연예인들이 용기 있게 '불안 장애'를 겪고 있음을 밝히고, 당당히 치료를 받고 스스로 노력하는 모습을 보여줌으로써 비슷한 증상을 겪는 사람들에게 용기와 희망을 주기도 했다. 이를 통해 '불안 장애'에 대한 일반인들의 인식도 상당히 개선된 것 같다. '불안 장애'는 사람마다 가지각색의 다양한 원인들에 의해 발생하며 증상 및 발현 양상도 다소 차이가 있다. 나 역시 '특정 사건'과 관련된 불안 장애를 겪어본 경험이 있고, 건강해 보이는 주변 지인들이나 환자들도 각자만의 '불안 장애'를 겪고 있거나 경험을 가진 경우가 많았다. 당연하게도 우리는 누구나 불안감을 가지고 있다. '불안'이란 우리에게 닥친 혹은 당면하게 될 위험에 대한 경고 신호로써 우리 몸에서 자연스럽게 느끼는 정상적인 반응이다. 하지만, 이런 불안이 비정상적으로 심해질 경우, 직면한 위험에 적절한 대처를 하지 못하게 되고 정신적인 고통과 신체적 증상이 심해져 일상생활까지 무너지게 된다. 이런 불안 장애는 더 이상 남 일이 아니고, 내 일이 될 수도 있고 내 주변의 일이 될 수 있다. 그러니 가끔은 내 주변 사람들의 정신건강도 들여다보는 게 어떨까?

아픈 것은 모두 힘들고 슬프지만 몸보다 정신이 아픈 것은 더 힘든 것 같다. 내가 불안 장애를 무서워하는 이유는 '어제까지만 해도 나에게 당연했던 일상이 갑작스럽게 하루 아침에 무너질 수도 있는 것'이기 때문이다. 또한, 사람이 병을 낫기 위해서는 약물 치료도 중요하지만 본인이 낫겠다는 강한 의지(행동치료, 재활치료, 건강 관리, 예방 등)가 중요하다. 그러나, 불안 장애는 두려움과 불안을 일으켜 치료에 필수적인 '강한 의지'를 무너뜨려버린다. 따라서, 이 질환을 혼자만의 싸움으로 극복하기에는 정말 외로우며 힘든 일이다. 내 주변에 아픈 사람이 있다면, 그들의 관점에서 이해하려고 노력해주고 매일 '흔들리는 그 마음'을 꽉 잡아주어야 한다. 본인이 혼자 아픔을 겪고 있다면, 주변에 믿을 만한 사람에게 도움을 청해 보는 것도 좋은 방법이다. '불안 장애'는 완치가 되는 병이 아니고, 조절 혹은 관리해가는 병이다. 언제 갑자기 다시 찾아올지 모르기 때문에 항상 정신건강 관리에 힘써야 한다. 불안 장애의 특징과 현재의 의학적인 치료방법에 대해서 알아보자.

불안장애의 종류와 치료

1) 범불안장애

일상생활에서 겪는 다양한 주제에 대한 과도하고 조절이 불가능한 불안 증상을 말한다. 주로 안절부절못하고, 어떤 일에 집중하지 못하며, 늘 근육이 긴장되어 있어 쉽게 피로해지고, 수면장애를 겪으며 예민한 상태가 유지된다. 약물치료 방법으로는 항우울제(selective serotonin reuptake inhibitor(SSRI, 선택적 세로토닌 재흡수 억제제), serotonin & norepinephrine reuptake inhibitor(SNRI, 세로토닌 노르에피네피린 재흡수 억제제))와 항불안제(benzodiazepine(BDZ)계열의 약물)를 사용한다.

2) 공황 장애

특별한 이유 없이 예상치 못하게 발생하는 극단적인 불안 증상을 말한다. 극도의 공포심을 느끼며 심장이 터지도록 빨리 뛰거나 호흡이 가빠지고 땀이 나기도 한다. 비현실감이나 분리되는 느낌을 받기도 하고, 손발이 차가워지거나 심하면 실신하기도 한다. 이를 겪은 사람들은 공황 증상으로 인해 주변 사람들이 본인들을 어떤 시선으로 바라볼지에 대한 걱정을 해서 사람들이 많은 곳을 피하거나 일상생활을 제한하는 경우도 있다. 약물치료 방법으로는 항우울제(SSRI/SNRI)와 항불안제(BDZ)를 사용하고, 인지행동 치료를 병행으로 수행한다. 인지행동 치료로는 교육, 인지적 접근, 호흡 재훈련, 이완, 자극 감응 노출 그리고 실제 상황 노출 등이 있다.

3) 특정 공포 장애

특정 상황이나 환경 혹은 대상에 대한 지속적인 불안과 두려움을 보이는 증상을 말한다. 흔히 알려져 있는 사례로는 동물 공포증, 고소공포증, 환 공포증, 시험 공포증, 폐쇄 공포증, 엘리베이터 공포증 등이 존재한다. 일부 특정 공포증은 마주치지 않는다면 일상생활에 불편을 초래하지 않기도 한다. 약물 치료로는 특정 상황에 항불안제(BDZ)를 사용하기도 한다. 주된 치료방법으로는 심리치료의 하나인 노출 요법을 쓰는데 점진적으로 천천히 두려움의 대상에 반복적으로 노출시키는 것이다. 이는 주로 혼자 하기보단 전문가의 도움을 받는 것이 효과적이다.

4) 이외에도 사회불안 장애, 광장공포증, 강박장애, 외상 후 스트레스 장애, 분리불안 장애 등이 있다.

대부분의 불안장애 치료에는 항우울제(SSRI, 선택적 세로토닌 재흡수 억제제)를 기본 약물치료로 사용한다. 복약지도를 하는 경우 '나는 우울증도 아닌데 왜 항우울제를 주냐고' 화를 내시는 분들도 가끔 보았다. 그런 경우에는 쉽게 설명을 드린다. SSRI라는 약은 우리 신경세포 밖 시냅스라는 공간에서 세로토닌이 재흡수 되는 것을 막아주는 약이다. 즉, 오랜 기간 세로토닌이 신경에서 작용을 하도록 도와주는 약이다. 세로토닌은 우리 몸에서 불안과 행복에 관여하는 신경전달물질로 부족할 경우 불안증이나 우울증을 유발한다. 따라서 SSRI는 불안증과 우울증 모두 쓰일 수 있는 약물이다. SSRI 이외에도 삼환계 항우울제(TCA)나 아민 산화효소 억제제(MAOI) 등도 쓰일 수 있지만, SSRI가 상대적으로 부작용이 적기 때문에 1차 치료요법으로 사용된다.

그렇다면, 불안장애를 겪고 있는 사람은 어떤 마음가짐을 가지는 것이 좋을까? 혹은 주변에 불안장애를 겪고 있는 사람이 있다면 어떻게 하면 도움을 줄 수 있을까?

불안장애를 이겨 내기 위한 마음가짐

1) 정신과에 가서 상담 받는 것을 두려워하지 말자

몸이 아프면 아픈 증상을 말하는 것처럼 스스로의 상태와 불안한 원인을 구체적으로 이야기해야 정확한 상태에 대한 진단이 가능하다. 치료를 위해 가장 좋은 것은 본인과 잘 맞는 정신과 의사 선생님을 만나는 것이다. 바람직한 치료의 시작은 치료자와 환자 사이에 유대관계(라포르, rapport)를 형성하는 것이기 때문이다. 치료자에게 신뢰를 주고 나의 상태를 이야기할 용기를 가져보자.

2) 약물 치료를 받으면 큰일 나는 것처럼 생각하지 말자

초기에는 약물 치료의 도움을 받으면서 인지행동치료를 병행하는 것이 좋다. 일반적으로 범불안장애의 경우 약 4주의 초기 치료, 약 9개월의 유지치료 그리고 약 14주간의 약물 감량 기간을 가지게 되는데, 그 기간 동안 충분의 마음을 단련하고 이겨낼 수 있는 자신감을 쌓도록 도움을 받는다고 생각하자. 그리고, 스스로 이겨낼 만한 힘이 생기고 적절한 시기에 약물치료를 중단하면 된다.

3) 마음을 꾸준하고 단단히 유지해야 한다

초기에는 강한 정신력과 약의 도움을 받아 조금씩 불안함이

개선될 수도 있다. 조금 개선됐다고 해서 마음을 놓거나 약을 정확히 복용하지 않으면 갑작스럽게 다시 불안이 찾아올 수도 있다. 불안증은 다른 병처럼 완치된다고 생각하지 말고, 조절해가며 예방한다고 생각해야 한다. 조급하지 않고 천천히 마음이 흔들리지 않게 굳건하게 지켜야 한다.

4) 무조건 불안을 회피하지 말고 가끔은 맞서야 한다

불안을 느끼게 하는 것이 무섭고 두려워서 계속 피하는 것은 그것에 대한 두려움을 계속 커지게 한다. 만약 일상생활과 연관된 것에 두려움을 느끼고 있다면 정상적인 삶을 살지 못하게 될 것이다. 노출 요법을 통해 조금씩 이겨내 보는 것이 필요하다. (노출 요법 시에는 주변의 도움을 받는 것도 효과적이다.) 또한 본인만의 진정시키는 방법을 알아야 한다. 예를 들면, 불안한 상황이 되면 호흡법을 바꿔보거나, 상황이 된다면 앉거나 누울 수도 있고, 손과 발을 주물러 보기도 하고, 물을 마실 수도 있고, 내가 평온했던 기억이나 순간을 떠올려보거나 심할 경우 (응급 복용으로) 처방받은 항불안제를 복용할 수도 있다. 머릿속으로 시뮬레이션을 해보고 마인드 컨트롤을 계속해보는 것도 도움이 된다. 불안의 상황이 오더라도 내가 이겨낼 수 있다는 믿음과 경험을 쌓아가는 것이 자신감 형성에도 중요하다.

5) 도움을 요청하는 것을 겁내지 말자

간혹 불안장애를 겪는 사람들 중에는 본인이 겪는 상황을 다른 사람들이 보거나 알게 될까 봐 겁내는 사람들이 있다. 또는 남에게 피해를 준다고 생각하기도 한다. 이런 마음은 스스로를 더 불안하게 만드는 요소가 될 수 있다. 도움을 요청하는 것을 겁내지 마라. 세상이 그렇게 냉혹하지는 않다. 주변에 도움을 요청하더라도 도와줄 사람이 분명히 있다. 도움을 받고 나중에 누군가에게 다시 도움을 베풀면 되는 일이다. 일단 건강해지자.

불안장애를 '함께' 이겨 내기 위한 마음가짐

1) 상대가 불안한 만큼 나는 돌이 되어야 한다

상대방은 불안한 상황이다. 그렇기에 나는 반대로 돌이 되어야 한다. 갑작스러운 상황이나 위기에도 놀라거나 불안한 티를 내면 안 된다. 상대방은 나에게 의지를 하고 있기 때문에 옆에서 묵묵히 믿고 응원해줘야 한다. 특히, 상대방이 새로운 도전(노출 요법)을 한다고 했을 때 걱정되어 무작정 말리는 것은 상대방의 용기를 꺾는 행위이다. 적당한 선에서 함께 도전에 해주고 옆에서 응원해주는 것이 좋은 방법이 될 수 있다.

2) 이해가 안 가고 힘들더라도 진심으로 대해주어라

상대방의 마음은 하루에도 수십 번 오락가락할 수도 있다. 기운을 차렸다 가도 풀이 죽고, 도전을 마음먹다가 다시 포기하고, 웃다가 울기도 하고, 스스로의 상황을 받아들이지 못하기도 한다. 간혹 '이걸 왜 못해', '마음을 단단히 먹으면 되잖아', '도대체 왜 무서운 거야?' 등의 잘못된 언행을 하는 사람도 있다. 상대방도 어제까지만 해도 당연하게 하던 일이었다. 우리보다 당사자가 더 힘들다. 억지로 이해한 척 조언하기보단 진심으로 위로해주고 함께 힘을 주면 된다.

3) 끝까지 도와주어야 한다

처음에는 선의의 마음을 가지고 도와주려고 했을 수 있다. 하지만 불안장애를 이겨 내기에는 오랜 시간이 필요하다. 당사자도 지치고 힘들지만, 주변 사람도 지칠 수 있다. 그렇다고 주변 사람이 먼저 포기해버리면 당사자에게는 엄청난 고통과 상처를 줄 수 있다. 도움을 주기로 마음을 먹었다면 끝까지 책임질 필요가 있다.

나도 특정 공포 장애를 가진 경험이 있었다. 중요한 시험을 오랜 기간 집중해서 준비하다 보면, 무의식적으로 그 시험을 망치고 떨어지는 상상을 하며 나도 모르게 불안감을 느끼곤 한다. 그러고 나면 갑작스럽게 심장이 뛰면서 땀이 나고 집중이 안 되는 증상이 나타난다. 그런 이유로 약사 국가고시를 준비하던 기간(4개월) 동안 나는 늘 불면증을 달고 살았고, 새벽 5시가 넘어서도 쉽게 잠들지 못해 수면유도제를 먹고 자는 경우가 허다했다. 나의 시험에 대한 불안증의 시작은 수능부터였다. 산 속 고시원에서 독학 재수를 하면서 독하게 시험을 준비해왔고, 두 번의 6, 9월 모의고사에서 모두 1등급에 가까운 성적을 받으며, 주변으로부터 많은 기대와 관심을 받게 되었다. 그렇게 쌓인 기대감은 나에게 압박감을 주었고 이를 극복하지 못한 채 수능을 보았다. 수리영역 시간에 문제를 푸는데 이전 모의고사들에 비해 문제 난이도가 상당히 어려웠다. 처음에는 의연하게 한두 문제를 패스하고 지나쳤는데, 뒤로 갈수록 나를 당혹스럽게 하는 문제들이 계속 등장했다. 평소에 문제를 넘겨본 경험이 없던 나에게 이는 '견딜 수 없는 충격'으로 다가왔고, 갑작스럽게 불안증세가 시작되었다. 몸은 떨리기 시작하고, 땀이 비오듯 흘렀다. 점점 심장은 터질 듯이 뛰고, 호흡은 가빠져와 더 이상 시험에 집중할 수 없었다. 샤프로 허벅지를 찔러가며 10여분간 나만의 사투를 벌였다. 정신을 차렸을 때에는 이미 시간이 부족했고, 결국 급하게 마킹을 하다 답안지를 밀려 썼다. 이 순간의 아찔한 기억은 살아가면서 큰 시험을 앞둔 나에게 계속 불안감을 일으켰다. 하지만 나는 더 이상 추락하지 않기 위해 스스로 이겨내야만 했다. 이를 극복하기 위해 나는 세 가지 방법을 통해 연습했다.

1) 모든 시험을 가볍게 생각하자

나에게 닥친 모든 시험을 가벼운 쪽지 시험을 본다고 여겼다. 또한, 아이러니하게도 좋은 점수를 받기 위해 오히려 마음을 가볍게 먹고 공부시간을 최대한 줄였다. 공부기간이 길어지면 불면증으로 인해 체력이 계속 떨어지기 때문이다. 그래서 정말 중요한 시험도 웬만해서는 3개월 이상 공부하지 않으려고 한다. 짧지만 한정된 시간 안에 집중력을 높이려고 노력했다. 이런 예시로, 약대 3학년 중간 및 기말고사 때 친한 동기와 시험 전날 새벽 2시까지 술을 마시면서 긴장감을 풀기도 했다. 그 동기는 아쉬운 성적을 받아 미안했지만, 나는 2등을 해서 장학금을 받기도 했다. 물론 체력적으로 부담되어 다음에는 이 방법을 쓰진 않았다.

2) 최대한 노출 요법을 많이 이용하자

긴장된 상황을 일부러 만들어 나 자신을 최대한 많이 노출시켰다. 남들 앞에 나서는 역할과 책임지는 일들을 많이 맡으려고 노력했다. 발표할 기회가 생기면 모두 자진해서 나섰고, 봉사나 알바도 강의하는 활동 위주로 골랐다. 나 자신을 많이 노출시킨 경험들이 쌓이면서 내면에서는 자신감이 쌓여갔고, 점점 긴장감이나 불안감을 이겨낼 내력이 생겨났다.

3) 모르는 것을 받아들여라

나를 불안하게 하는 것은 '내가 모르는 것이 나올까봐'를 걱정해서가 아니다. '어떤 것이 나오던지 완벽하게 해야 한다'는 마음에서 시작되었다. 내가 수능을 본 해의 수리영역 1등급 컷은 79점이었다. 보통 수능 수리 1등급 컷이 각각 90점 초반대를 형성하는데, 이것을 보면 그 해의 난이도가 상당했다는 것을 알 수 있다. 결국 나는 상대평가의 본질을 파악하지 못하고, '어떤 문제가 나오던지 다 맞혀야 한다는 마음' 때문에 마인드 컨트롤을 실패해버린 것이다. 이후로는 최대한 노력하고도 모르는 문제가 있으면 의연하게 패스하는 법을 배우게 되었다.

> 드라마 '스위트 홈'에 나오는 인상적인 대사가 하나 있다.
> "가장 짙은 어둠도 가장 흐린 빛에 사라진다."
> '불안'이라는 짙은 어둠 속에 갇혀 있는 사람에게 한 줄기의
> 흐린 빛(아주 작은 희망)이 되어 줄 수 있는 사람이 되어보자.

8

약이자 독인 '스트레스'
– 스트레스에 대한 안전불감증?

> 스트링게르는 라틴어로 '팽팽하게 죄다'라는 뜻을 가지고 있다. 이는 현재 사용되는 스트레스(stress)의 어원으로 물리학 분야에서 학문적으로 사용되다가 인체 내 반응을 설명하기 위한 생물학 용어로도 사용되기 시작하였고, 현재 사람들에게 '만병의 근원'으로 부정적인 의미로 인식되고 있다.

스트레스는 우리 몸의 자연적인 방어기작 중 하나이다. 인류가 수렵생활을 하던 당시, 포식자나 위험으로부터 스스로를 지키기 위한 메커니즘이었던 것이다. 우리의 몸은 위험에 직면하게 되면, 몸에서 호르몬이 분비되어 위협에 맞서 싸울 것인지 혹은 도망갈 것인지(Fight or Flight) 준비하는 시스템이 작동하게 된다. 우리의 몸은 순간적으로 많은 양의 코티솔, 에피네프린과 노르에피네프린을 분비하게 되고, 이에 대한 반응으로 혈압과 심박수가 상승하고 땀이 나며 주위를 경계해 긴장된 상태로 변한다. 현대 사회가 되면서 우리는 포식자나 극한의 위험 상태를 마주할 일이 적어졌지만, 현대 사회가 낳은 새로운 유형의 자극에 노출되어 스트레스가 유발된다. 예를 들면 층간 소음, 무서운 영화, 타인에 의한 신체적/언어적 위협, 시험, 본인이 심리적으로 두려워하는 것 등이 될 수 있다.

그렇다면 현대사회에서 스트레스는 불필요한 요소인가? 그건 아니다. 적당한 수준에서는 긍정적인 역할을 하기도 하는데 과하거나 넘치면 결국 부정적인 결과를 초래하게 된다.

적당한 스트레스의 긍정적인 역할

1) 정신적인 측면

긍정적인 스트레스는 'Eustress'라고 불리며 우리에게 설렘과 약간의 떨림을 주고 생활에 활력을 준다. 이는 내가 하고자 하는 일에 추진력을 주고 생산성과 창의성을 불러일으킬 수 있다. 하지만 긍정적인 스트레스도 지속되고 쌓이다 보면, 몸과 정신에 부담을 주기 시작하고 순식간에 부정적인 스트레스로 변하기도 한다.

2) 생물학적 측면

생물학에서 이야기하는 스트레스 중 산화적 스트레스(oxidative stress)라는 것이 있다. 우리 몸은 산소를 이용하여 대사를 하고 외부 물질에도 노출되다 보니 몸속에는 자연스레 활성산소(ROS)가 쌓이게 된다. 일반적으로 과량의 활성산소는 세포막과 세포 내 DNA를 공격하여 세포를 파괴시키고, 아미노산의 기능을 저하시킨다. 활성산소는 동맥경화, 피부질환, 백내장, 황반변성, 암, 당뇨, 간질환, 치매, 파킨슨병 등 다양한 질환의 원인으로 알려져 있고, 우리는 이를 제거하기 위해 다양한 항산화제를 복용하기도 한다. 다만, 미량의 활성산소는 체내 활동에 유익한 작용을 하는데, 면역계에서 외부 감염원(바이러스나 박테리아)을 퇴치하는 데 사용된다. 또한, 산화질소(NO)는 적절한 혈류량을 조절하는 데 필요한 물질이며, 정상적인 신경 활동과 심혈관질환은 예방하는 데 도움이 된다. 최근, 남성건강에게 도움을 준다고 L-아르기닌을 많이 복용하는데, 이것은 산화질소(NO)의 생성을 증가시켜 혈관기능을 향상시키기 때문이다.

나는 어렸을 적부터 TV에서 스트레스는 '만병의 근원'이라는 이야기를 많이 듣고 자랐다. 스트레스라는 단어를 자주 듣다 보니 위화감은 사라지고, 주변에서 습관처럼 자주 사용하는 말이 되었다. 학창 시절 학업과 교우관계에서 스트레스 받고 나면 '설마 스트레스를 받았다고 정말 병이 생길까?'라는 의문을 가진 적도 있었다. 구체적인 과학적 근거에 대해 궁금했지만, 사실 책을 읽는다고 해서 이해할 수 있는 것은 아니었다. 나는 과학을 싫어하는 문과생이었기 때문이다. 나의 궁금증은 약대를 입학하여 공부를 하다 보니 자연스레 풀리게 되었다. 사람에게 생기는 모든 질병의 발병 원인/위험 요인/증상/약물 치료/예후/관리/예방 등을 배우고 보니, 가장 중요한 것은 '발병 원인', '위험 요인(risk factor)' 그리고 '예방'이라는 것을 깨닫게 되었다. 하나의 질병은 여러 원인을 통해 발병할 수 있고, 그런 원인이 발생할 확률을 높이는 인자들을 위험 요인(risk factor)이라고 한다. 이러한 '위험 요인'을 미리 줄여가는 방법이 '예방'인 것이다. 흔히 '소 잃고 외양간 고친다'는 말을 자주 쓰지 않는가? 우리도 건강을 잃게 전에 미리 예방을 해야 한다.

위험 요인(risk factor)은 크게 두 가지로 나뉜다. 내가 바꿀 수 있는 것과 바꿀 수 없는 것이다. 고혈압을 예로 들자면,

바꿀 수 있는 위험 요인

나트륨 섭취량, 고지방 식이, 운동 부족, 비만, 담배, 음주

바꿀 수 없는 위험 요인

가족력(유전), 나이, 기저 질환(당뇨, 신장기능 장애 등)

하지만, 애매한 것이 하나 있다. 스트레스는 어디에 배치해야 될까? 나는 조절할 수 있는 요인이라고 생각한다.

대부분 질병의 위험요인에는 스트레스가 포함되어 있었다. 스트레스는 신체적, 심리적 긴장 상태를 의미하고 있다. 단기적으로 스트레스를 받으면 몸에서는 코티솔이나 아드레날린의 분비가 증가하게 되는데 이로 인해 심박수가 증가하고 혈압이 상승하며 체온상승과 함께 두통을 일으킬 수 있다. 이런 교감신경의 항진은 불면, 두통, 식욕감퇴, 피로감, 불안감 그리고 과잉행동까지 이어질 수 있다. 만약 스트레스가 장기적으로 지속되게 되면, 우리의 몸은 높은 코티솔 농도를 오랜 기간 유지하게 되고 이는 몸에 큰 변화를 준다. 우리 몸은 혈당 조절을 원활하게 하지 못하게 되고, 면역기능이 저하되며, 혈압 조절이 되지 않고, 골밀도가 감소되고, 근육이 감소하며, 복부 지방이 증가한다. 이러한 생리적인 변화들은 심장질환(고혈압, 관상동맥질환, 혈전, 부정맥, 심근경색 등), 당뇨, 피부질환, 위장질환(식도염, 위염, 위궤양 등), 정신질환(우울증, 불안장애, 조현병 등), 기타 면역질환, 호르몬 조절장애, 암까지 일으킬 수 있다. 행복은 휘발성이라 저축할 수 없지만 스트레스는 해소하지 않으면 몸에 저축이 된다. 우리 몸은 스트레스에 적응을 하는 특징이 있다. 내가 받고 있는 스트레스 수준이 1이라면, 초기에는 우리 몸이 스트레스를 크게 받다가 금세 그 수준에 적응을 한다. 스트레스 수준이 2, 3, 4…로 올라갈 때에도 얼마 동안 정신적으로 힘들지만 일정 시간이 지나면 또 우리 몸은 적응을 한다. 본인이 생각하기에는 '나는 스트레스를 받지 않고 있다고 착각'할 수 있지만, 실제 본인의 몸은 계속 스트레스를 누적해가고 있는 경우가 많다. 우리도 모르는 사이에 누적되는 스트레스를 각자의 방법으로 원활하게 해소시켜주어야 한다.

대학원을 다니던 시절, 나는 현재의 삶에 만족하고 있다고 착각하고 있었다. 학부생 때처럼 중간고사와 기말고사에 대한 압박도 없었고, 수업도 많지 않기 때문에 상대적으로 자유로운 느낌을 받았다. 매일 오전 9시에 출근해서 각자의 실험에 따라 오후 6~8시 정도에 퇴근했고, 토요일은 오전 9시에 출근하여 12시까지 연구를 하였다. 매주 일요일은 병원에서 주말 약사로 일을 했었다. 나는 스트레스를 받는다고 인지하지 못했지만, 매주 화요일마다 심한 편두통을 앓았다. 그냥 내가 가지고 있는 만성질환이라고 생각하며 항상 약을 복용하며 버텨왔다. 하지만 그 원인을 고민해보니, 매주 화요일마다 연구실에서 진행하는 세미나 발표와 주기가 겹쳤다. 세미나는 한 주간의 연구 결과를 교수님께 보고하는 자리였다. 대학원생들은 매주 연구 성과를 내기 위해 필사적인 노력을 했고, 세미나의 결과에 따라 교수님에게 사랑을 받는 제자가 되는지 눈 밖에 나게 되는지 정해지게 된다. 스트레스의 원인은 찾았지만, 이것을 직접적으로 해결하는 방법은 대학원을 나가는 것밖에 없기 때문에(물론 많은 학생들이 스트레스를 이기지 못하고 자주 그만둔다), 나는 나만의 스트레스 해소법을 찾거나 마음가짐을 바꿔야 했다. 헬스장을 다니면서 운동도 해보고, 그림도 그려보고, 노래방에 가서 열창도 해보고, 인형 뽑기도 해보고, 드라마도 보고, 술도 마셔보고 했지만 결국 꾸준히 운동을 하는 것이 편두통을 없애는 데 제일 효과가 좋았다(나에게 맞는 해소법을 찾았다). 그 뒤로 주 3회는 꾸준히 운동을 하기 시작했고, 나에게 쌓인 스트레스를 운동으로 분출해버렸다. 물론 생각의 전환도 함께 실천했다. 세미나를 평가받고 혼나는 자리라고 생각하지 않고, 나의 좋은 연구성과를 발표할 수 있는 설레는 기회 혹은 나의 문제를 지적 받고 고민하며 발전할 수 있는 기회라고 생각하니 마음이 한결 나아졌다. 몇 개월간 열심히 실천해보니 신기하게도 오랜 기간 앓던 편두통이 사라지게 되었다. 그 후로 몸에서 보내는 다양한 신호(편두통, 복통, 몸살)를 통해 나의 스트레스 상태를 수시로 파악한다. 그럴 때면 연차나 병가를 이용해서 잠시 회복하는 시간을 갖곤 한다.

스트레스는 참는다고 사라지지 않고 몸에 저축되어
이자가 쌓인다. 이자가 복리로 쌓이기 전에
빠르게 몸에서 '스트레스 원금'을 갚아 나가자.

9

아프면 참지 말자. 모든 일에는 때가 있다
- 잘못된 인내심은 나를 곪아 터지게 한다

A man is ill, but the illness is nature's attempt to heal him.
-Carl Jung

사람이 병으로부터 치료되는 것이 아니라
병이 사람을 치료하기 위한 자연의 신호이다.

-칼 융

    우리 사회는 과거부터 '참고 견디는 것'을 미덕이라 여기며, 개인에게 과도한 인내심을 강요해왔다. 어린시절 우리의 아버지들은 가장으로 사회로 나가 온갖 힘든 일들을 겪으면서도 집에 돌아올 때는 힘든 내색 없이 술에 취한 채로 한 손에 묵묵히 통닭 한 마리를 들고 오셨다. 우리의 어머니들은 손목, 허리 그리고 무릎까지 안 아픈 곳이 없었고 화장품 냄새보다는 파스 냄새가 더 익숙했다. 현재 우리들은 아프면서도 직장에서 다른 사람들의 눈치를 보며 병가를 쓰고, 아픈 것이 민폐가 되는 분위기 속에 살고 있다. 본인이 아픈 것을 주변에 잘 말하지 못하고, 혼자 끙끙 앓다가 결국 상태가 심각한 채로 약국에 찾아오는 환자들을 많이 보았다. 그나마 약을 사려고 찾아오면 상담을 통해 상태를 파악하고 병원으로 가도록 권할 수 있지만, 끝까지 집에서 혼자 참고 견디다가 손쓸 수 없는 사태까지 가기도 한다. 이것은 비단 육체적인 질병뿐 아니라 정신적인 질환도 마찬가지이다. 우리는 누구나 통증을 느끼고 병을 얻는다. 다른 관점에서 본다면, 우리의 몸이 정상적으로 작동을 하지 못하거나 위험한 상황에 노출되었기 때문에 '통증이나 병이라는 신호'를 통해 우리에게 알려주고 있는 것이다. 우리 몸이 스스로 정상화된다면 다행이지만, 그렇지 못한 경우에는 어떠한 조치가 취해져야만 심각한 상황을 예방할 수 있다. 인류는 몸이 보내오는 신호에 대응하는 조치를 취하기 위해 수많은 약들을 개발해오고 있다. 서양에서는 자연 과학을 토대로 역사에 획을 긋는 약을 발명해왔는데, 대표적으로는 '괴혈병을 예방하는 비타민C', '광범위한 감염 질환을 막은 페니실린', '소염, 해열, 진통작용이 있는 아스피린' 그리고 '안전한 수술을 가능하게 해 준 소독약과 마취약' 등이 있다. 혁명적인 의약품을 시작으로 고혈압, 위장병, 암 그리고 당뇨와 같은 질환을 치료하기 위해 수많은 약들이 계속 개발되어 오고 있다. 하지만, 사람들은 여전히 약을 먹는 것에 대해 좋지 않은 시선을 가지고 있는 것이 사실이다. 사람들이 막연하게 가지고 있는 잘못된 오해에 대해서 알아보자.

'사람들이 갖는 약에 대한 질문과 오해' 그리고 나의 '주관적인 생각'

1) 병원이나 약국에서는 돈 벌기 위해 약을 최대한 많이 주려고 한다

약을 쓸지 말지 결정하는 것의 시작은 'Risk(약물에 의한 부작용) vs Benefit(증상의 개선)' 사이에서의 갈등이다. 환자가 일상생활에 불편함을 느낄 정도거나 혹은 상태가 심각하여 손을 써야만 하는 경우라면 약물의 부작용을 감수해서라도 약을 쓰게 된다. 약을 처방할 때에는 '약물치료 원칙과 지침'에 맞춰서 하되, 의사의 경험에 따라 환자에게 맞은 약물의 종류나 추가 처방들을 고려하게 된다. 약이라는 것은 불필요하게 많이 사용할수록 처방하는 사람에게도 책임이라는 부담이 되고, 환자에게도 좋지는 않아 '합리적인 판단' 없이는 의도적으로 과다 처방하지 않는다(물론 이런 오해가 생기도록 만든 소수의 좋지 않은 사례들도 있다).

종종 위에 전혀 문제가 없는데 왜 위장약을 주는지 묻는 경우가 많은데, 항생제나 소염진통제의 경우 위장장애를 일으킬 위험

이 있기 때문에 함께 처방하게 된다. 또한, 여러 질환으로 다양한 병원을 다니는 경우 꼭 복용하는 약에 대해서는 미리 말하는 것이 좋다. 중복되는 약이나 상호작용이 있는 약을 미리 점검할 수 있기 때문이다. 물론 대부분 시스템으로 확인이 가능하지만, 한번 더 말해주면 더욱 신경써서 확인을 할 수 있어 본인을 위해 좋다. 그리고, 병원이나 약국에서 궁금한 게 있으면 혼자 고민하지 말고 편하게 물어보기를 바란다.

2) 항생제를 많이 먹으면 내성이 생길 것 같으니, 몸이 나은 것 같으면 약을 중단해도 괜찮다

흔히 상기도 감염, 치과치료 혹은 요로감염 등에 항생제를 일정기간 복용해야 한다. 간혹, '항생제를 먹으면 내성이 생겨서 큰일 나는 것이 아닌가' 해서 환자 임의로 중단하는 경우가 있다. 항생제 사용 기간에 대한 논쟁은 여전히 뜨겁지만, 그럼에도 처방 받은 약의 '복용기간을 끝까지 지키는 것'이 중요하다. 확실하게 제균(균을 죽여야)을 해야 내성이 생기는 것을 막을 수도 있고, 잔여 균에 의한 재발을 방지할 수 있기 때문이다. 또한, 환자 스스로의 판단에 의해 중단을 하게 되면 의료진이 상황을 인지하지 못해 치료 과정에서 변수가 생기게 된다.

3) 바르는 약이 순하다

바르는 약이 순하다고 생각하여 듬뿍 바르는 사람들이 있다. 외용제는 주로 국소 피부 질환에 직접 적용하기 위해 개발되었는데 화장품처럼 순한 것은 아니다. 특히 스테로이드제를 임의로 장기간 사용하게 되면 피부위축이나 튼살이 생기고 혹은 감염에 취약해지기도 한다. 또한, 우리 몸 부위에 따라 흡수되는 정도가 달라 부위별로 사용되는 스테로이드 종류가 다르고, 바르는 양이 달라 전문가와 상의를 하고 사용하는 게 좋다. 바르는 양은 검지 손가락 첫째 마디 길이만큼 짜는 것을 1FTU라고 하는데, 이는 약 0.5g 수준으로 양 손바닥 전체를 바르는 정도의 양으로 생각하면 된다(얼굴, 생식기-1g, 두피-2g, 한쪽 팔-3g, 한쪽 다리-5g, 몸통-8g, 물론 사람 체형에 따라 다소 차이는 있지만, 대략적인 수준으로 알아 두면 좋다).

4) 감기, 두통, 생리통 수준의 통증에는 약을 먹지 않고 참는 게 좋다

흔히 하는 농담 중에, 감기에 낫는 기간은 약을 먹으면 7일, 먹지 않으면 1주일이 걸린다는 이야기가 있다. 사람마다 차이는 있을 수 있겠지만, 그래도 약을 먹으면 증상을 완화시켜 일상생활을 하는 데 불편함 없이 지낼 수 있다. 특히 코로나 시기에는 몸살 기운만 와도 빠르게 약을 먹고, 휴식을 취하는 것이 현명한 선

택일 수 있다. 두통과 생리통의 경우에도 참고 견딘다고 해서 통증이 사라지는 것은 아니다. 가끔은 약을 먹고 일상생활에 지장을 주지 않는 것이 더 현명하지 않을까 생각을 한다. 약국에서 구매할 수 있는 진통제는 내성이 거의 없고, 오히려 초기 통증일 때 효과가 좋으니 빠르게 복용하는 편이 낫다. 또한, 일반적으로 약국에서 구매하는 진통제(NSAIDs)들은 많이 먹는다고 해서 효과가 계속 좋아지는 것이 아니다. 진통제들은 천장효과라고 해서 약을 많이 먹을수록 진통효과가 세지는 것이 아니라 부작용만 늘어나게 된다. 따라서 꼭 약사가 설명해주는 복용 방법대로 먹길 바란다. 편의점에서도 구매할 수 있는 아세트아미노펜 성분(타이레놀)이 들어간 약은 위장장애가 적어 위장질환이 있는 사람이나 공복에도 복용이 가능하고, 임신 중에도 복용이 가능하다. 다만, 간 기능에 이상이 있거나 술을 마신 날과 그 다음 날에는 간독성을 유발할 수 있기 때문에 절대 복용하면 안된다. 그 외의 소염 진통제 성분(이부프로펜, 나프록센 등)은 위장장애에 위험이 있으니 꼭 식사를 하고 난 후에 복용하는 것이 좋고, 고함량의 카페인도 피하는 것(위장장애 예방)이 좋다.

5) 정신과 약을 먹으면 머리가 나빠지고, 한번 복용하면 못 끊는다

우울증이나 불안장애를 치료할 때 복용하는 약은 증상을 조절하는 약이다. 일부 약물의 경우 내성과 의존성이 생길 수도 있지만, 전문의가 환자의 상태를 보면서 용량을 조절하거나 약제를 변경할 수 있기 때문에 크게 걱정할 부분은 아니다. 사실 약 자체의 문제를 떠나 질환의 특성상 약에 의존하는 경우도 많다. 또한, 근본적인 치료는 상담을 통한 인지행동치료가 수반되기 때문에 치료하는 기간이 상대적으로 길다. 그렇기 때문에 약물은 바로 중단하는 것이 아니고 서서히 줄여가는 것이 좋다. 이러한 이유로 정신과 약은 못 끊는다고 오해하는 경우가 많다. 우울증과 불안장애로 복용하는 SSRI(선택적 세로토닌 흡수 억제제)는 상당히 안전한 약물로 인식되고 있고, 머리가 나빠진다는 것은 사실이 아니다. 항불안제로 처방되는 벤조디아제핀 계열의 약물들은 장기 복용 시 인지기능이 저하될 가능성이 있지만, 크게 걱정할 수준은 아니며 환자상태에 따라 전문의가 조절하며 처방해야 한다. 즉, 이러한 오해로 치료를 겁내면서 상태가 악화되는 것보다는 빠르게 도움을 받는 것을 권장한다.

6) 좋은 약은 많이 먹으면 무조건 좋다

한국인들의 가장 큰 단점 중에 하나는 과유불급이다. 아무리 좋은 약이나 음식도 과하게 먹으면 독이 된다. 약을 개발하는 과정에서 임상시험 이전에 동물(설치류)에게 투여하여 최대 투여용량이나 반수 치사량(Letheal Dose 50)을 확인하곤 한다. 반수 치사량은 특정 용량을 복용하였을 때 50%의 개체가 죽는 용량을 의미한다. 예를 들면, 쥐의 경우 kg당 3g의 소금을 복용하면 50%의 쥐가 죽게 된다. 카페인은 kg당 192mg, 비타민C는 11.9g 그리고 물은 90g을 복용하면 50%의 쥐가 죽는다는 것이다. 즉, 효능이 있으면서 독성이 없는 수준의 용량을 복용하는 것이 가장 이상적이고 안전한 것이다.

나에게 상담을 요청했던 사람들의 사례를 이야기하자면, 30대 남성으로 하루에 비타민C를 5,000mg씩 복용했다고 한다. 뉴스로 '비타민 메가 도즈(megadose)'에 대해 접하게 되었고, 미백효과를 위해 과다하게 복용했다는 것이다. 그렇게 2주 정도 복용을 했더니, 온몸에 두드러기가 나고 역류성 식도염이 생기면서 급하게 연락이 왔다. 비타민C는 수용성이긴 하지만 일일 권장섭취량은 100mg 수준이다. 부족하게 되면 코피, 피로, 잇몸 부종, 빈혈 등의 증세를 보일 수 있으나, 과다 복용 시에는 두통, 복통, 피부 발적, 속쓰림을 유발하고 신장 결석을 일으킬 수 있다.

다른 사례로는 종합비타민 B군이다. 최근 많은 국내 제약사들이 앞다퉈 피로 해소의 꽃으로 불리는 종합비타민 B군을 활성형/고함량으로 광고하며 경쟁하고 있다. 비타민 B군은 신진대사작용을 촉진하고 면역체계와 신경계 기능을 강화해주어 육체피로나 병중 혹은 병후 체력 저하 시 많이 복용한다. 만성피로에 지친 현대인들에게는 필수적으로 추천되고 있다. 다만, 대부분의 제품은 일일 권장량을 상당히 상회하는 용량을 포함하고 있다. 물론 잘 맞는 사람들은 문제가 없지만, 처음 복용하는 경우 잘 맞지 않는 사례도 많다. 고용량 복용 시 흔히 나타나는 부작용으로는 두통, 감각이상, 상복부 불쾌감, 메스꺼움, 얼굴이 붉어지는 현상 등이 있다. 특히 기저질환(당뇨, 간질환, 통풍, 신장질환 등)이 있는 사람들은 고함량을 복용하기 이전에 전문가와 상의해 보는 것이 좋다.

7) 건강기능식품(건기식)은 효과가 없다. 밥 먹는 것과 다를 바 없다?

나는 석사기간 동안 건기식에 대한 효능/기전 연구를 진행했었고, 큰 제약사들과 함께 건기식 개발에 참여한 경험이 있었다. 이외에도 건기식은 아니지만 숙취해소제(컨디션, 상쾌환 등)에 대한 효능 평가(동물 실험)도 직접 수행한 경험이 있다. 건기식에 대해서 정확한 정의를 내리면 '일상 식사에서 결핍되기 쉬운 영양소 또는 인체에 유용한 기능을 가진 원료나 성분을 사용하여 제조한 식품으로 건강을 유지하는 데 도움을 주는 식품'이다. 또한 일반 건강식품과 다르게 식약처에서 동물시험, 임상시험 등의 과학적 근거를 평가하여 인정한 제품을 말한다. 즉, 동물실험으로 질환 모델을 만들고 과학에 근거한 연구를 바탕으로 실험을 디자인하여 통계적인 방법으로 효능을 평가한다. 평가된 내용에 대해서는 국내외 과학 저널에 투고를 하여 실험에 적절성에 대해 저명한 교수들에게 검증을 받는 과정을 거친다. 이후, 임상시험에서도 안정성과 효능을 입증해야 식약처에서 승인을 받게 되는 것이다. 건기식 복용이 권장되는 경우는 바쁜 현대 생활에서 영양소를 골고루 섭취할 수 없어 부족한 영양소를 보충하는 목적, 특정 질병을 예방하기 위한 목적 그리고 질병전단계에서 건강한 상태로 되돌리기 위한 목적이 있다. 예를 들면, 정상혈압은 수축기 혈압/확장기 혈압이 120/80이라고 한다면, 약물을 복용해야 하는 고혈압은 수축기 혈압이 140 이상 또는 확장기 혈압이 90 이상이다. 그렇다면 수축기 혈압이 120~140 사이이거나 확장기 혈압이 80~90 사이인 사람들은 어떻게 관리를 해야 할까? 이런 경우에 생활요법과 병행하여 건기식 복용이 추천되는 것이다.

8) 양약은 부작용이 많지만, 한방제제는 부작용이 없다

양약은 대부분은 합성의약품으로 화학적으로 합성되고 정제되어 만들어진 순도가 높은 의약품이다. 그러다 보니 효과가 명확하지만 어느 정도 부작용을 가지고 있다. 한방제제란 동물, 식물, 광물에서 채취된 것으로 한방원리에 따라 배합하고 제조된 의약품이다. 오랜 기간 사용된 처방이고, 한두 가지 물질이 정제된 것이 아니다 보니 상대적으로 안전하다고 인식되는 것은 사실이다. 그러나 한방제제 역시 부작용이 없는 것은 아니다. 우리가 복용하는 '기와 혈액'을 보충하는 쌍화탕도 위장기능이 약한 사람들이 복용하면 위장장애, 복통 혹은 설사를 일으킬 수 있다. 또한 쌍화탕에 들어있는 당귀, 천궁, 작약은 임산부에게 '위험할 가능성이

있는 한약재'이기 때문에 과량 복용에 주의해야 한다.

우리들이 건강한 정신을 유지하기 위해서는 육체와 정신이 보내는 신호를 무시하고 무작정 참으면 안 된다. '육체적인 통증'과 '정신적인 고통'에 대해서 항상 신경써야 하고 그에 알맞은 조치를 취해야 한다. 육체적인 통증이 지속되면 정신적인 고통으로 전이가 될 수도 있고, 반대로 정신적인 고통이 심해지면 육체적인 고통이 생기기기 때문이다. 상대적으로 정신적인 고통에 대해서는 주변에서 가볍게 치부되는 경우가 있다. 용기를 내서 털어놓을 때 '마음이 약해서 그런 거다', '너만 힘든 것 아니다', '우리 때는 더 힘든 생활에서도 잘 견뎌왔다'와 같은 반응은 아픈 사람을 더 힘들고 외롭게 만드는 것이다. 육체적으로 아프게 되면 결국 병원으로 가지만, 정신적으로 아프게 되면 극단적인 상황까지 갈 수 있으니 조금 더 신중히 바라볼 필요가 있다.

이전 장에도 언급했듯이, 학창 시절부터 나는 약 10년간 편두통을 앓았다. 두통이 생기면 짧게 하루에서 길면 3일까지 통증이 지속되었고 이와 함께 과민성대장증후군(복통과 설사 등)도 동반되어 발생했다. 병원을 가도 몸에 이상은 없고 단지 스트레스라는 답변만 얻은 채 그대로 방치하게 되었다. 초기에는 나도 약을 잘 복용하지 않았고, 고통을 견디며 정신력을 키워야 두통을 이겨내는 것으로 생각했다. 물론 통증을 참는 정신력은 어느 정도 길러졌지만, 통증의 강도는 오히려 줄어들지 않았고 만성화되어 범위와 강도가 더욱 커졌다. 결국 편두통과 과민성대장증후군은 점점 더 심해져 나의 일상생활에 영향을 미쳤고 결국 중요한 순간들을 무너뜨렸다. 고민 끝에 약을 먹는 것이 나에게 더 득이 되겠다고 판단을 했고, 스트레스를 받을 때마다 바로 진통제와 진경제를 복용했다. 물론 여기서 그친다면 나는 평생 약을 복용하면서 살게 되었을 것이다. 나는 근본적인 원인이었던 '스트레스'를 해결하기 위해 노력했고, 결국 10년 동안 나를 괴롭히던 편두통과 과민성대장증후군을 떨쳐버렸고 지금은 전혀 겪고 있지 않다.

우리가 키워야 하는 것은 '아픔을 견디는 인내심'이 아니고
'행복해지려고 노력하는 인내심'이다.

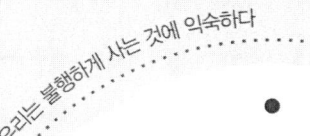

2장

행복은 남이 아닌 나에게서 찾아야 한다.

1

우리는 '행복'이라는 단어에 속고 있다
― 현대사회에서 행복은 과장되어 있다

> 행복은 다행 행(幸)과 복 복(福)으로 이루어진 한자어로 사전적 의미는
> 1) 복된 좋은 운수 또는 2) 생활에서 충분한 만족과 기쁨을 느끼어 흐뭇한
> 상태를 일컫는다. 하지만, 정치학에서는 행복을 '인간 인생에 궁극적인
> 목표'로 이야기하기도 하고, 자본주의 사회에서는 '행복=부의 축적,
> 성공의 산물'이라는 잘못된 공식을 낳기도 했다.

우리는 '행복'이라는 단어에 속고 있다. 엄밀히 말하면, 우리는 '나에게 맞는 행복의 조건'이 아닌 '사회에서 규정한 행복의 조건'에 본인을 맞추기 위해 노력하며 살고 있다. 나는 초등학교부터 대학원까지 약 20년간 교육을 받아오면서 많은 사람들을 만났고, 그들과 사회적인 관계를 형성하며 서로 영향을 주고받았다. 이외에도 수많은 언론과 미디어에서 만들어진 창작물과 SNS나

유튜브의 글과 영상에서도 많은 영향을 받았을 것이다. 다양한 과정에서 노출되어온 '행복'이라는 단어는 '성공해야 따라오는 것', '경쟁을 통해 소수만 취할 수 있는 것', '오랜 시간의 노력을 통해 쟁취하는 것', '경제적인 여유가 있어야 얻을 수 있는 것', '나이가 들고 안정되어야 얻게 되는 것'이라는 의미에 더 가까웠다. 그렇다면 일상에서 얻은 작은 만족감과 성취감은 행복으로 부를 수 없는 것일까? 흔히, 사랑니로 고생해본 사람은 씹는 것의 소중함을 알게 되고, 치질로 고생해본 사람은 배변의 소중함을 알게 되고, 불면증으로 고생해본 사람은 수면의 소중함을 알게 되고, 이별의 아픔을 아는 사람은 함께 있는 사람의 소중함을 알게 된다. 그리고 우리는 코로나19를 통해 소중하고 사소한 일상을 빼앗겨 보았다. 어떤 사람들은 소중한 것을 누리는 것을 행복이라고 생각하지 못하고 '누구에게나 주어지는 당연한 권리' 혹은 '누리지 못하면 불행하거나 운이 없는 것'이라고 생각한다. 누군가는 "남들도 모두 가지고 있는 데, 왜 사소한 것으로 행복해야 하는가?", "남들이 가지지 못한 것을 더 가져야 행복하지"라고 말하기도 한다.

    소설가 무라카미 하루키가 쓴 수필집 「랑게르한스섬의 오후」에 '소확행'이라는 단어가 처음으로 등장하였고, 이 단어는 우리나라에서도 큰 인기를 끌며 지금까지도 흔하게 사용되고 있다. 바로 '소소하지만 확실한 행복'이라는 뜻이다. 우리 사회도 점점 사소한 행복이라는 개념에 대해서 다시 생각해보고, 그 의미를 깨달는 사람들이 늘고 있다. 그러나, 여전히 스스로를 다른 사람과 비교하여 상대적인 박탈감을 느끼거나 스스로 불행을 자처하는 사람도 많다. 우리는 행복의 본질에 대해 이해한 후, 어떻게 하면 행복감을 잘 느낄 수 있을지 고민해볼 필요가 있다. 가만히 앉아서 행복이 찾아오기를 기다려서는 안 되고, 행복이 우리에게 쉽게 깃들 수 있도록 마음가짐을 바로 해야 한다. 우리는 왜 행복이라는 감정을 느끼게 되는 것일까? 감정이라는 것의 본질을 과학적으로 쉽게 이해해보자.

인간에게 있어 감정이라는 것은 유전자에 기입된 보상체계 중 하나였다. 인간은 수렵생활을 통해 식량을 얻어 영양소를 보충하고 험난한 야생에서 생존해야 하며, 자손 번식을 통해 번영을 이루고 유전자를 자식에게 물려주어야 했다. 생존과 번식이라는 과정 속에서 '행복감'이라는 보상이 존재했고, 인간은 자연의 섭리에 충실했던 것이다. 하지만, 시대는 급속하게 바뀌었고 사람들은 점점 '생존과 번식'이라는 틀에서 벗어나기 시작했다. 그와 함께 행복감도 다양한 형태로 변화하기 시작했다.

우리가 느끼는 감정은 다양한 호르몬과 화학물질에 의해 결정된다. 우리는 감각기관을 통해 보고, 듣고, 맡고, 만지고 느끼는 것에 '생각이라는 것'이 더해지면서, 몸속에서는 다양한 화학물질이 시냅스로 분비되고 인접 신경세포들을 자극한다. 이런 신호들을 받게 되면 뇌에서는 복합적인 감정을 출력하게 되고 우리는 그것을 느끼는 것이다. 다양한 호르몬 중 행복감과 관련이 깊은 것은 세로토닌, 엔도르핀, 도파민 그리고 옥시토신이다. 네 가지 호르몬이 균형 있게 작용해야 우울감, 불안감, 불만족감에서 벗어나 안정감, 편안함, 행복감 그리고 즐거움을 느낄 수 있는 것이다. 행복의 기전을 바탕으로 행복이라는 성질을 다시 정의해보자.

'행복'의 네 가지 성질

1) 행복감은 휘발성이다

행복은 휘발성으로 순간적이고 쉽게 사라진다. 행복은 호르몬에 의해서 조절되는 감정이다. 호르몬은 특정 장기에서 합성된 후, 외부 자극에 따라 분비되어 표적세포로 이동한다. 표적세포의 막 수용체 또는 세포 내 수용체와 결합하여 특정 신호를 전달한 후 파괴된다. 즉, 우리가 느끼는 행복의 감정은 일시적으로 나타난 후에 사라지기 때문에, 그 순간을 충분히 만끽하고 기억해야 한다. 일반적으로 감정의 변화는 뇌의 대뇌변연계에서 관장하지만, 경험을 통해 기억된 감정은 전전두피질에서 관여를 한다. 즉, 행복한 순간을 충분히 느끼고 즐기면서 각인한다면, 추후에 그 순간을 떠올리는 것만으로 기억된 감정을 불러일으킬 수 있다.

2) 행복은 한계효용 체감의 법칙을 따른다

사람은 동일한 현상에 계속 같은 반응을 할 수 없다. 그것은 육체적으로 본다면 에너지와 감정의 낭비이기 때문에 같은 반응에는 몸이 적응하기 마련이다. 정말 맛있는 음식도 계속 먹으면 질리고, 웃겼던 이야기도 자꾸 들으면 질리는 것이 그런 이유이기도 하다. 호르몬의 입장에서 보자면 같은 현상에도 처음과 동일한 양의 호르몬이 분비되지 않아 처음보다 약한 반응이 나타난다. 그렇다면 더 강한 자극을 추구해야 하는가? 그것은 바람직하지 않다. 예를 들어, 약을 이용한 강한 자극(마약류)은 내성이나 의존성을 만들기 때문에 오히려 정상적인 감정의 시스템을 무너뜨려 일반적인 행복감을 느끼지 못하게 만들기도 한다.

3) 행복의 기준은 나에게 있다

현대 자본주의 사회에서 행복은 '타인과의 비교를 통한 우위'라는 것으로 해석되기도 한다. 대부분의 사람들은 남들보다 성공하고, 잘 벌고, 잘 먹고 잘 산다는 것을 SNS를 통해 보여주어야 한다는 강박에 빠져 있는 것 같다. 이는 스스로 행복을 찾는 법을 모르기 때문에 타인의 입을 통해 '부럽다'라는 말을 들어야 비로소 스스로가 행복하게 산다는 것을 느끼게 되는 것과 같다. 반대로 SNS를 보고 상대적으로 불행을 느끼는 사람들도 많다. 이것이 스스로를 망가뜨리는 행위이지만 이미 습관화되어 빠져나오기 쉽지 않다. 타인과의 비교를 통해 생성되는 감정들은 자본주의 사회에서 잘못 만들어진 결과물이거나 부작용이다. 이는 행복의 본질과는 분리시켜서 생각해야 하는 것이다.

'행복감'이란 것은 본인의 뇌에서 만들어지는 감정이다. 즉, 행복 회로의 주인은 나 자신이다. 앞서 말했듯이, 행복 회로에 다양한 감각을 통해 얻은 자극과 생각을 재료로 집어넣을 수 있고, 일련의 과정을 통해 얻어진 결과물(감정)은 온전히 본인의 것이다. 행복 회로에 잘못된 생각들을 집어넣게 되면 기계는 망가지게 되고, 다음에 정상적인 재료를 넣어도 원하던 결과물이 나오지 않게 된다. 또한, 행복 회로에 아무 재료도 집어넣지 않게 되면 기계는 작동하는 법을 잊어 고장나게 되고 우리는 삶의 동력을 잃고 살게 되는 것이다.

4) 행복 회로의 재료는 사소해야 한다

행복 회로에는 정말 사소한 재료를 넣어도 된다. 매일 아침잠에서 깨고, 하루 세끼를 잘 챙겨 먹고, 양치를 잘하고, 운동을 하고, 돈을 벌 수 있는 일을 하고, 사고 싶은 것을 살 수 있고, 연락을 주고받을 친구나 애인이 있고, 내 한 몸 누울 곳이 있고, 마음껏 공부를 할 수 있고, TV를 보고, 취미활동도 하고, 호흡을 하고 오감을 통해 느끼는 것 모두 재료가 될 수 있다. 우리의 행복 회로는 멈춰 있으면 안 된다. 뚜렷한 결과물이 없다고 해도 사소한 일상의 재료를 계속 공급해줘야 한다. 즉, 나의 사소한 일상을 곱씹고 감사함을 느낄 줄 알아야 한다. 당연하게도 사소한 일상으로 인해 도출되는 호르몬에 의한 감각 변화는 크지 않다. 하지만, 이것은 건강한 마음을 유지하는 데 엄청난 예방 효과를 가지고 있다.

- 행복감의 역치(어떤 반응을 일으키는 데 필요한 최소한의 자극 세기)를 낮춰준다. 이를 통해 뜻밖에 찾아온 즐거움이나 행운(serendipity)에 있어서 큰 행복감을 얻을 수 있을 것이다.
- 우울증이나 불안을 예방하는 효과가 있다. 삶에 대한 잔잔한 안정감과 만족감을 유지함으로써 불안감, 두려움, 슬픔의 감정들에 쉽게 반응하지 않고 자괴감이나 우울증에 빠지지 않을 힘을 준다.
- 마음의 여유가 생긴다. 스트레스에 대처하는 자세가 달라진다. 사소한 불행이나 외부환경으로부터 발생하는 감정을 마음에 담지 않고 쉽게 넘겨버릴 수 있다. 나의 행복 회로 속에는 수많은 사소한 재료들로 채워져 있어 충분히 완충 역할을 할 수 있다.

5) 행복은 미래에서 찾는 것이 아닌 현재에서 찾아야 한다

많은 사람들이 행복을 언급하면서 자주하는 질문과 고민들이 있다. '선생님, 좋은 대학교에 들어가면 행복하겠죠?', '좋은 직장에 취업하고 나면 행복해지겠죠?', '월급을 어느 정도 받아야 행복해질까요?', '결혼을 하면 행복해지겠죠?', '투자를 해서 성공하면 행복해지겠죠?', '대출을 받아 집을 사면 행복해지겠죠?', '아이가 공부도 잘하고, 좋은 대학에 가면 행복하겠죠?', '자녀가 취업하고 결혼을 하게 되면 정말 행복할 것 같아요.', '손주를 본다면 이제 여한이 없을 것 같아요.' 이런 질문과 고민에서 언급되는 행복은 사실 '잘못된 행복'이다. 이것은 행복이 아니고 소망이나 목표이다. 자본주의가 만들어낸 '잘못된 행복'으로 인해 우리는 '성공＝행복'이라는 공식에 익숙해졌고, 그것은 우리가 불행하게 사는 것에 익숙하게 만들어버렸다. 처음에 언급한 것처럼 행복의 뜻은 '생활에서 충분한 만족과 기쁨을 느끼어 흐뭇한 상태 혹은 감정'을 의미한다. 즉, 행복은 지금 갖고 있지 않은 미래에서 찾는 것이 아니고 지금 갖고 있는 현재에서 찾아야 한다. 현재에서 행복을 찾을 줄 모른다면 당연히 미래에서도 행복을 찾지 못할 것이다. 행복은 쟁취하는 것이 아니라 찾고 느끼는 가치라는 것을 이해한 후에 실천하고 노력해야 어떤 상황에서도 행복할 수 있다. 현실적으로 자본주의 사회에 만연한 '비교', '서열화', '경쟁' 속에서 순위가 나뉘는 것은 불가피하다. 우리가 그것을 행복과 연관 지을수록 불행의 늪에 빠지는 길이라는 것을 명심해야 한다.

우리는 어린 시절부터 행복을 논할 때 습관적으로 타인과 비교를 하도록 배워왔다. 나의 성취와 상대방의 성취를 비교해서 내 것이 작으면 성취감이나 행복감보다는 패배감을 느끼게 되었다. 하지만 반대로 실패, 아픔, 통증에 대해서는 그렇게 반응하지 않는다. 같은 논리라면 나보다 큰 패배, 아픔이나 통증을 보았을 때 만족감을 느껴야 하는 것이다. 정상적인 사람이라면 그렇지 않을 것이다. 아픔과 슬픔은 공감 받고, 위로 받을 수는 있어도 절대적이기 때문에 나의 아픔이 누구의 아픔보다 크게 느껴지는 것이다. 마찬가지로 행복도 상대적인 것이 아닌 절대적인 가치이다. 남이 보기에 크고 작은 것은 아무런 의미가 없다. 나에게 기쁘면 기쁜 것이고, 즐거우면 즐거운 것이다.

행복이 인간의 삶의 목표라면, 인생의 성공은 그리 멀리 있는 게 아니다. 더 이상 자본주의가 만든 행복의 탈을 쓴 괴물에 속아 불행한 인생을 살지 말아야 한다. 우리는 행복의 본질을 깨닫고, '행복'과 '돈'을 분리시켜서 생각해야 한다. 물론 자본주의 사회에서 생존에 필요한 기본 수단(의, 식, 주 등)이 마련되지 않는다면 '행복'이라는 것을 논하기는 어려울 수 있다.

> 다만, 정말 우리가 생각하는 것보다는 행복은 거창하지 않고
> 가까이에 있다는 것을 말하고 싶으며, 행복하려면 단순히
> 이해하는 것을 넘어 매일 꾸준하게 노력해야 한다.

2

'고민상담'은 서로에게 득, '하소연'은 서로에게 독
－함께 성장하는 가치, 멘토링

> '멘토링'이란 풍부한 경험과 지혜를 겸비한 사람(멘토)이 도움이 필요한 사람(멘티)을 지도하고 조언하는 과정을 의미한다. 멘탈 관리(정신 건강 관리) 측면에서도 각자 멘토와 멘티의 역할을 바꿔가며 고민을 이야기하고 조언을 주고받으면, 멘토와 멘티가 함께 성장해 나갈 수 있다.

'멘토링' 프로그램은 기업, 대학교, 고등학교 그리고 다양한 기관에서 신입사원, 후배, 청소년 혹은 도움이 필요한 사람들을 대상으로 다양하게 활용되고 있다. 특히 청소년을 대상으로 진행하는 멘토링 프로그램이 많은데, 이는 청소년들의 자존감 향상, 대인 관계 능력 개선, 원활한 학교 생활에 도움을 주고 나아가 학업에 대한 흥미나 진로 계획의 부분에서 긍정적인 영향을 준다. 멘토링은 단순하게 멘토가 그들의 경험과 지식을 일방향으로 전달하고 끝나는 과정이 아니다. 멘토는 본인들의 경험과 조언을 조언하는 과정에서 스스로 자존감을 높이는 계기가 되며, 앞으로의 미래를 설계해가는 데에 새로운 동력으로 작용하기도 한다. 또한, 멘티와 소통하는 과정에서 스스로의 생각을 재정립하거나 되돌아보는 기회를 갖게 되며, 생각의 폭이 넓어지고 깊어지는 계기가 될 수 있다.

'멘토링'이란 뜻을 우리 일상 속으로 확장해보자. 우리는 평소에도 부모님, 친구, 선배, 후배, 직장 상사, 동료 등에게 본인들의 고민이나 힘든 점을 이야기하면서 의견을 구하는 경우가 있다. 나보다 나이가 많고 경험이 많은 사람에게도 조언을 구할 수 있으며, 나보다 어리지만 경력이 많고 생각이 깊은 사람에게 도움을 구할 수 있다. 가끔은 나의 도움을 필요로 하는 사람에게 '멘토'가 되어 줄 수 있으며, 반대로 힘들 때에는 '멘티'가 되어 '멘토'의 의견과 조언을 구할 수 있는 것이다. 서로 힘이 되어 줄 수 있는 누군가가 옆에 있다는 것은 힘든 세상을 살아가는 데 있어서 축복이고 감사한 일이다. 건강한 고민상담 과정은 멘토에게는 '스스로를 되돌아보고 마음을 잡을 수 있는 계기'를 주고, 멘티에게는 '불안한 마음을 다잡고, 마음에 위안을 얻을 수 있는 기회'가 될 수 있다. 즉, 함께 성장하는 가치이며, 마음이 건강해지는 시작이 될 수 있다. 하지만 정말 중요한 것이 있다. 이런 소중한 관계가 의도치 않게 깨지지 않도록 세심하게 신경써야 한다. 특히,

친구, 연인, 부모님, 자녀와의 관계일수록 더욱 그렇다.

'멘토'로서 주의해야 할 점

- 일단, 나와 상대방이 '다르다는 것'을 인정하자.
- 자신의 생각과 경험은 '하나의 좋은 사례일 뿐' 누구에게나 해당하는 정답이라고 생각하지 말자.
- 조언하는 사람에게 억지로 우위에 서려고 하지 말자. 이미 당신을 존중하기 때문에 조언을 구한 것이다.
- 일단 이야기를 끝까지 들어주자.
- 이중적인 태도를 취하지 말자. 간혹, 본인에게는 관대하지만 타인에게는 가혹한 경우가 있다.
- 억지로 공감하는 척할 필요가 없다. 멘토에게 꼭 정답을 얻으려고 하는 게 아니다.

'멘티'로서 주의해야 할 점

- 본인이 듣고 싶은 대답으로 유도하지 마라. 답은 정해두고 위안 삼으려는 태도는 멘토만 힘들게 한다.
- 하소연은 1절만 하자.
- 멘토에게 본인의 선택을 떠넘기지 마라. 결국 본인 인생은 직접 선택해야 한다.

- 고민을 이야기하기 전에 충분한 시간을 가지고 정리하자.
- 멘토의 말이 모두 정답이라고 생각하지 마라. 사람마다 다르기 때문에 좋은 참고로만 삼아라.
- 멘토의 컨디션과 마음 상태를 파악할 필요가 있다. 멘토도 사람이다.

누구나 살면서 멘토를 해보기도 하고 멘티가 되어 보기도 했을 것이다. 물론 본인 의지와는 상관없이 강제로 멘티가 되어 부모님의 잔소리, 선생님의 꾸중, 직장 상사나 선배의 충고를 들어본 경험도 있을 것이다. 마찬가지로 자식이나 후배, 동생들이 조언을 구하지도 않았지만, 먼저 자리에 앉혀 놓고 한 소리 해보기도 했을 것이다. 상대방을 정말 아끼고 잘되길 바라며 한 소리인 것은 듣는 사람도 머리속으로는 이해한다. 하지만, 충고와 잔소리는 종이 한 장 차이라고 하는데, 그 종이 한 장은 '듣는 이의 마음가짐'이다. '듣는 이'가 본인 스스로도 반성을 하고 변화하기 위해 조언을 구하면 충고가 되는 것이고, 아무리 좋은 말도 '듣는 이'가 한 귀로 듣고 한 귀로 흘리면 잔소리가 되는 것처럼 말이다.

위에서 언급한 것들은 모두 멘토와 멘티가 유념해야 할 부분이라고 생각하는 것들이다. 모두 중요하지만 딱 한 가지에 대해서 심도 있게 다뤄보려고 한다. 바로 '하소연은 1절만 하자'이다. 하소연에 대해서 정의를 하자면 '본인이 생각하기에 억울한 일이나 기분 나쁜 일, 힘들거나 딱한 사정'을 의미한다. 하소연을 한다는 것이 나쁘다는 것은 아니다. 그만큼 속에 울화가 쌓이고, 견디기가 너무 힘들어서 누군가 들어주기를 바라는 것이기 때문이다. 문제는 여기에 있다. '하소연'은 해결하기 어려운 문제로 이미 마음 속은 곪아 터지고 낫지 못할 염증이 진행된 상태이고, 해결의 목적보다는 '감정을 소비할 대상'을 찾는 것이다. '하소연'은 본인 가슴에 박힌 화살을 뽑아 듣는 이의 가슴에 박는 행위와 같다. 듣는 사람이 마음이 건강하고 단단하고 포용해 줄 수 있는 사람이라면 받아줄 여지가 있겠지만, 그런 게 아니라 듣는 사람도 계속 반복해서 듣다 보면 힘든 상처가 될 수 있는 것이다. 이러한 이유로 아이들 앞에서는 하소연을 하는 것이 위험할 수 있다. 아이들은 아직 누군가를 위로하고 포용할 만큼 성숙하지 못하고, 마음의 크기가 넓지 않다. 하소연에 익숙해진 아이들은 언젠가 부모님이 꽂았던 화살로 인해 상처가 벌어지고 덧날 위험이 크다.

그렇다면 몸과 마음이 지쳐서 하소연을 하는 사람에게는 어떤 방법이 있을까? 근원이 되는 원인을 찾아서 제거한다면 좋겠지만, 불가능하다면 '받아들이는 나'를 바꿀 수밖에 없다. 억울하겠지만 스스로가 다치지 않기 위한 길이다. 최근에는 많은 사람들이 인터넷, 유튜브 또는 책과 같은 다양한 매체를 통해 마음을 수양하는 방법, 행복해지는 방법 또는 나를 다스리는 방법 등을 소개하고 있다. 주변의 사람들에게 하소연하기 전에, 비대면 매체를 통해 다른 사람의 경험과 이야기를 들어 간접적인 '멘토링'을 받아보고, 댓글을 통해서도 충분히 소통해볼 수 있다. 이외에도, 스스로의 감정에 대해 글을 써보는 습관을 들이는 것도 좋다. 마음에 쌓아 놓은 감정들을 풀어내는 것만으로도 긍정적인 효과를 본 사례도 많이 보았다. 등산이나 요가 같은 육체 활동을 이용해서 속에 쌓인 스트레스를 분출하여 마음을 수양해보는 것도 하나의 방법이다.

내가 경험했던 멘토링 사례에 대해 간략하게 얘기해보려고 한다. 나는 학창 시절부터 생활비 마련을 위해 과외나 학원 알바를 많이 했고, 자연스레 '학생들을 가르치는 것'에 관심이 생기면서 교육 봉사활동과 다수의 멘토링 프로그램에도 참여했었다. 그 중, 가장 기억에 남는 것은 삼성에서 운영하는 사회공헌 사업인 '삼성 드림클래스'이다. 삼성 드림클래스는 '교육 환경이 열악한 중학생들을 대학생들과 연결시켜주어 방과 후 학습지원'을 하는 프로그램이다. 사교육을 잘 받지 못하는 아이들에게 가난이 대물림되지 않도록 '동등한 출발선'에서 시작하도록 도움을 주는 취지의 프로그램이다. 나는 드림클래스를 통해 만난 10명의 중학생 아이들이 고등학교에 진학할 때까지 매주 일요일을 함께 보냈다. 처음 만난 아이들은 어린 나이임에도 학교나 가정에 대한 불만이 많았고 행동을 거칠고 입은 험했다. 당연하게도 공부에 대한 열정은 찾아볼 수 없었다. 처음 수학강사로 임명 받았을 때, 교장 선생님이나 드림클래스에서는 아이들 성적 향상이 주된 관심사였다. 하지만, 내가 보기엔 성적은 다른 문제였고, 일단 출석률을 높이고 올바른 가치관을 형성하는 것이 더 시급해 보였다. 나에게 할당되는 4시간의 수업 시간 중 2교시와 4교시에만 수업을 하고, 1교시와 3교시에는 아이들과 친해지고 대화하는 시간으로 활용했다. 아이들이 지각을 자주 하기 때문에 1교시를 상담하는 시간으로 정하고, 먼저 온 학생들과 자연스레 대화를 하고 고민을 들어주는 시간으로 활용했다. 그들의 고민을 진심으로 들어주고, 조언이 필요하다면 내 생각에 대해서도 말해주었다. 시간이 지남에 따라 조금씩 변해가는 아이들을 볼 때면 나 스스로도 뿌듯하고, '멘토'다운 사람이 되기 위해 '나의 일'도 더욱 열심히 하는 긍정적인 효과를 얻었다. 같은 아이들과 오랜 기간 함께 성장하다 보니, 2년이 지난 시점에서는 아이들의 말썽도 많이 줄었고, 공부를 열심히 해서 나와 같은 학교에 후배로 들어오겠다는 친구들도 생겼다. 아이들 중 '하소연'을 많이 하는 친구가 있었는데, 힘들었지만 꾸준히 오랜 기간 들어주고 생각의 변화를 주기 위해 노력하였다. 점점 밝아져 가는 모습을 보게 되니 뿌듯했다. 특히 이 친구는 성적이 굉장히 많이 올랐고, 헤어지는 날 감사하다고 손편지를 써서 주었다.

> 더불어 살아가는 사회에서 서로 고민을 공유하고
> 함께 성장하는 '건강한 멘토링 관계'를 만들어
> 보는 것은 어떨까?

3

타인을 잣대로 나를 평가한다. '불행의 시작'
― 공동체주의와 집단주의의 차이

'We are smarter than me(우리는 나보다 똑똑하다)'.
이는 집단 지성(Collective Intelligence)을 설명해주는 간단한
문장이다. 인간, 개미, 꿀벌이나 물고기 떼 등은 다수의 개체들이
하나의 집단을 이뤄 서로 협력하여 하나의 개체보다
큰 힘을 발휘하곤 한다.

    많은 동물 중 유일하게 인간만 '타인의 시선'에 영향을 받아 '개인의 선택'을 바꾼다고 한다. 이전 언급했던 '밴드웨건 효과(편승효과)'와 같이 개인은 집단의 행동에 편승하여 '나의 주관'보다는 '심리적 안정'을 선택하는 경향이 있다는 것이다. 우리가 처음으로 '타인의 시선'을 느끼기 시작하는 곳은 아마 유치원(혹은 어린이집)일 것이다. 같은 나이 또래들과 처음으로 작은 공동체를

이루고, 그 속에서 하나의 구성원이 된다. 이 과정에서 우리들은 자연스럽게 '개인의 이익'보다 '집단의 이익'이 더 가치 있다는 것을 배우고, 개인적인 돌발 행동은 이기적이거나 배려가 없는 행동이라고 손가락질을 하기도 했다. 또한, 우리는 친구와 사이 좋게 지내는 법, 서로 양보하는 법, 서로 도와주는 법, 상대방의 기분을 고려하는 법을 교육을 통해서나 경험을 통해서 익히며 성인이 되면서 자연스럽게 '진정한 사회 공동체의 일원'으로 성장하게 된다. 건강한 공동체 의식을 함양하여 '나'에서 '우리'가 되는 과정은 사회를 위해서도 바람직하다고 본다.

우리나라는 '공동체 의식'의 역사는 길고, 많은 사람들의 사고의 기반이 되는 정신 중 하나이다. 한국인은 서양인에 비해 '나'라는 단어보다 '우리'라는 단어를 사용하는 것이 더 자연스럽다. 우리 가족(우리 아빠, 우리 엄마, 우리 누나 등)에서 시작하여 우리 회사, 우리 학교, 우리 동네 그리고 우리나라까지 우리를 붙여야만 심적으로 안정된 느낌을 받고 소속감을 느끼기도 한다. 우리나라는 과거에서부터 다양한 공동체 문화들이 보유하고 있었는데, 그 예로 '유교를 기반으로 부계 혈연 집단인 문중', '지역을 기반으로 촌락', '농촌사회에서 상호 협력과 감시를 위한 두레', 그리고 '민간 상부상조의 규범인 계'가 있었다. 지금도 학연, 혈연, 지연 혹은 공동의 목적을 바탕으로 공동체를 이루고 있으며, 최근에는 공동체의 범위가 확장되어 취미나 투자를 위한 모임도 인터넷이나 어플상에서 많이 생기고 있다. 또한, 우리는 공동체의 가치가 개개인들의 합 이상의 시너지를 보인다고 믿고 있다. 과거의 사례를 보아도 나라가 어려운 시기에 '국채보상운동'이나 '금 모으기 운동'과 같은 자발적인 운동이 있었으며, 2002 월드컵과 같이 국민들의 단합된 길거리 응원을 보였던 적도 있다. 이는 우리 민족이 합심할 수 있는 '공동체 의식'을 마음 속에 품고 있음을 알 수 있다.

하지만, 이러한 공동체 의식을 형성하기 위한 과정 중에도 당연히 부작용이 있다. 그것은 바로 '집단주의'로 빠져버리는 것이다. 공동체 주의와 집단주의는 비슷한 이야기 같지만 특징을 살펴보면 약간의 차이점을 가진다.

공동체주의

공동체주의에서 추구하는 가치는 공동의 긍정적인 목표를 실현하고 어려운 상황에 놓인 개인을 끌어주어 모두가 발전적인 방향으로 나가도록 하는 것이다. 이 와중에도 개인의 취향, 가치관, 성향 등은 서로 존중한다. 그렇기 때문에 각자 타인의 생각이나 의견에 강요받지 않고, 눈치를 보지 않으면서 타인에게 피해를 주지 않는 선에서 개인의 자유가 보장된다. 즉, 개성 있는 개인들이 모여서 형형색색의 조화로운 공동체를 이룬다고 보면 된다.

집단주의

집단주의에서는 개인의 취향, 가치관, 성향보다는 집단의 개성과 가치관을 중시한다. 개인의 신념 혹은 자유보다는 집단 내의 의무와 규범을 강요하고, 집단의 이익이나 목표를 위해서는 개인의 희생을 미덕으로 삼는다. 즉, 특정 색의 집단을 만들기 위해 개인들에게 특정 색이 되도록 강요하는 것이다.

이러한 공동체주의와 집단주의의 공통점은 '하나의 소속된 무리 혹은 집단'에서 발생한다는 것이고, 이는 가족, 친구, 학교, 직장, 아파트, 지역 그리고 나라가 될 수 있는 것이다. 우리가 속한 여러 집단에 대해 생각해보자. 우리는 다양한 공동체 속에서 다양한 역할을 하며 속해 있다. 특정 공동체에서는 공동체주의적 성격이 강할 수 있고, 반대로 집단주의의 성격이 강할 수도 있다. 이러한 공동체의 성격은 1) 대표자의 성향, 2) 구성원의 성향 혹은 3) 추구하는 목표 등에 따라 결정될 수 있다.

우리는 다양한 집단주의 성격을 띄는 공동체에 익숙해져 있어 '타인의 시선'을 너무 의식한다는 것이다. 집단주의가 무서운 것은 '독자적 행동'을 하는 사람들을 문제 삼거나 따돌린다는 것이다. 이런 '타인의 시선과 감시'가 무섭고 두렵기 때문에 본인의 취향, 개성 그리고 가치관을 포기한 채 집단의 만들어낸 가치관에

순응하게 되고, 결국 '그 소속'이 되어 새로운 이탈자를 막는 악순환을 만들고 있다. 이런 악순환을 끊기 위해서는 각 개인의 가치를 인정해주면서 본인도 소신껏 행동할 수 있는 용기가 필요하다. 집단주의가 아닌 진정한 공동체의 힘을 발휘하는 '공동체 의식'을 길러야 한다. 우리가 지켜야 할 공동체 의식의 미덕은 '타인에게 피해를 주지 않는 선에서 나의 자유를 보장받는 것'이다.

최근에는 이런 집단주의적인 문화에 지치거나 진정한 자유를 추구하는 사람들이 늘어나고 있다. '자발적 아웃사이더(outsider)'나 '혼밥, 혼술, 혼행'과 같이 '타인의 시선'을 의식하지 않고 혼자만의 시간을 당당하게 즐기는 문화가 생기고 있다. 타인의 시선을 신경쓰거나 의식하는 것은 참 불편한 일이고, 그것이 심해진다면 불행해질 수 있다. 내 인생이라는 드라마 주인공은 '나'여야 하는데, '조연'들의 비중이 커진다면 주인공 자리를 뺏기는 것이다. 나의 삶으로 채워가야 할 시간들을 남을 신경쓰면서 보낸다는 것이 억울하거나 화나지 않은가? 나도 학창 시절, 내면의 소리보다는 '남들의 시선과 생각'을 의식하고 신경쓰면서 살아왔다. 나의 언행의 기준, 겉모습의 기준, 선택의 기준에서 항상 '타인에게 보여지는 나'를 배제할 수 없었다. 그렇게 해야 집단에 소속되고 주류가 된다고 착각하고 있었다. 하지만, 생각보다 '타인'은 나에 대해 그렇게 신경쓰지 않는다. 내가 관심 있는 대상이 아닌 이상 어떤 옷을 입었고, 머리를 얼마나 잘랐고, 어떤 시계를 차는지,

어떤 음식을 먹었는지 혹은 그 사람의 언행에 대해서도 크게 신경쓰지 않는다. 그렇다면 '타인의 시선'에 집착하게 되면 생기는 일에 대해 알아보자.

'타인의 시선'을 심하게 의식하게 되면 생기는 일

① 나의 주관이 사라진다. 자주적이지 못하고 사소한 선택조차 타인의 의견을 물어본다. 이런 유형의 사람들은 선택장애가 많고, 다른 사람의 눈치를 자주 보게 된다.
② 자존감이 떨어진다. 나 자신을 존중하지 못하고 '타인이 보는 나'에 집착하여 본인에게는 가혹한 기준을 설정한다. 간혹, 타인이 '너 약간 살찐 것 같네?'라는 한 마디에 충격을 받아 심하게 다이어트를 하고 끼니를 거르는 행위도 이런 경우의 한 예시이다. 모든 사람의 기준에 맞춰줄 필요는 전혀 없고, 나의 건강과 행복을 위한 기준에만 신경 쓰면 된다.
③ 남을 지나치게 배려한다. 속마음은 전혀 그렇지 않으나 거절을 잘 못해서 늘 피해를 보거나 남에게 이용당한다. 주변에서 착하다는 소리를 자주 듣는다. 하지만, 사실 착하다는 프레임을 씌워 이용해 먹는 것이다. 이런 사람들 주변에는 꼭 나쁜 사람들이 많이 있다. 남에 대한 지나친 배

려는 그만 두고, 스스로에 대한 배려를 할 필요가 있다.

④ 타인의 평가에 '일희일비' 하고, 감정 기복이 심하다. 타인의 쉽게 던지는 말이나 의미 없는 행동에 스스로 의미부여를 하고 고민하는 유형이다. 상대방은 기억조차 못하는 것에 내 기분이 오락가락하며 영향을 받는다면 참 슬픈 일이다. 본인의 감정의 주체는 '나'다. 다른 것에 영향을 받지 말자.

⑤ 소비 성향이 타인의 영향을 받는다. 주변 친구들이 사면 꼭 필요하지 않아도 따라 사고, 내가 원하지 않아도 주변 친구들이 인정해줄 만한 것들을 소비한다. 고등학생들이 친목을 위해 명품 패딩을 맞춰 입는 것도 이런 예시 중 하나이다. 계속 다른 사람을 따라가고 맞춰가다 보면 '나 자신'을 잃을 수 있다. 내면의 아름다움을 가꿔라. 그리고 그 멋을 알아봐 주는 사람과 어울려라.

⑥ 자신의 속마음이나 약점을 들키거나 털어놓는 것을 두려워한다. 자기 자신에 대한 자존감이 부족해서 생기는 것이다. 나의 현재 상태를 인정하고 존중한다면 부끄럽지 않고 당당해질 수 있다. 충분히 드러내라. 오히려 인간관계의 옥석을 가리는 데 도움을 줄 것이다.

⑦ 새로운 일을 할 때에 습득력이 느리거나 빠르게 포기한다. 다른 사람의 눈치를 보느라 주눅이 들어 일을 잘 하지 못

하고, 새로운 시도를 두려워하며 포기하는 경우도 많다. 하지만, 누구나 처음에는 잘 못한다. 자신감을 가지고 시도해라. 생각보다 남들은 당신을 신경쓰지 않는다.

본인의 가치를 정하는 것은 '남'이 아니고 '나'이다. 그 시작은 '자기 애(愛)'에서 출발한다. 나 자신에 대해 파악하고, 있는 그대로의 나를 사랑하자. 나의 사고의 시작은 '남'에서 시작되는 게 아니고 '나'에서 시작되는 것이다. 이기적인 사람이 되라는 것은 아니며 '나'라는 중심을 잡으라는 것이다. 가치 판단의 기준이 '나'여야 한다. 예를 들어, 열심히 돈을 모아서 국산차를 샀는데, 친구가 외제차를 샀다고 나에게 자랑했다. 이런 경우 친구를 부러워할 순 있어도, 내가 외제차를 타지 못해서 불행해져야 하는가? 전혀 아니다. 나의 인생은 나만의 드라마가 있고, 친구도 본인만의 드라마가 있다. 각자의 드라마에서는 본인들이 주인공이고, 어떻게 내용을 채워갈지는 스스로가 결정하는 것이다. 각자 열심히 최선을 다해 살고, 행복한 엔딩을 만들어가면 된다. 그러나, 전혀 다른 드라마의 주인공들을 꺼내 와서 서로 비교하고 평가하는 것은 '드라마' 자체를 훼손하는 행위이다.

더 이상 우리의 인생을 훼손하는 데 시간을 낭비하지 말고,
어떤 행복한 스토리를 만들어갈지 자신에게 집중하자.

4

다른 사람이 미워서 생기는 '화병'
−남을 싫어하는 것은 내가 힘들어지는 길

우리에겐 익숙한 단어 화병(火病, hwa-byung)이 한때, 미국 정신과
질환 진단 기준서인 DSM-IV(Diagnositc and Statistical Manual
of Mental Disorder)에 문화 관련 증후군(culture-bound syndrome)의
하나로 소개된 적이 있었다.

'화병(火病)'이란 말은 조선시대 때 명나라에서 넘어온 말로 '억눌러진 감정이 발산하지 못하고 억제된 상태에서 나타나는 신경성적 울화로 인해 나타나는 증상'을 말하며, 여기서의 감정은 분노 외에도 슬픔, 두려움, 놀람, 기쁨, 근심 그리고 고뇌 등이 포함된다. 현대 사회에서 생각하자면 '복합적인 감정과 스트레스가 너무 쌓여서 생긴 병'이라고 이해하기 쉽다. 서양 의학과 동양 의학에서는 '화병'이라는 것을 어떻게 바라보고 있을까?

서양 의학에서는 '화병'을 신체화 증상(내과적 이상은 없으나 다양한 신체증상을 호소)을 가지는 정신적 질환으로 규정하고, 그 원인은 합리적이지 못한 상황의 결과로 발생한 분노를 분출하지 못해 생기는 것으로 보고 있다. 대부분의 '화병' 환자를 정신과 질환 진단 기준서(DSM-IV)에 따라 분류하면 정신과 의사에 의해 두 가지 이상의 진단을 받게 된다. 그중 가장 많은 것은 '우울증을 동반한 신체화 장애'이다. 여기서 호소하는 신체화 증상으로는 '복부에서 무엇인가 치고 올라오는 느낌', '불면', '소화장애', '두통' 그리고 '가슴이 답답함' 등이 있는데, 이것은 다른 정신질환과는 구별되는 특징을 가졌다. 일부 학자들은 '화병'이라는 것은 한국 고유의 문화가 관련된 증후군이라고 주장하기도 했지만, 현재는 다시 문화 관련 증후군에서 삭제되었다. 화병은 치료될 수 없는 것으로 생각되어 치료 없이 참고 견디는 사람들이 많았다. 하지만 실제 '화병' 환자를 대상으로 항우울제를 이용한 약물치료와 보조치료를 병행한 결과, '화병'이 완전히 개선되기도 하였다. 현재 병원에서도 주요 치료는 항우울제를 이용한 약물치료와 정신치료(스트레스 대처방법, 대인관계 그리고 성격의 변화를 주는 치료법)를 병행하고 있다.

동양 의학에서는 '화병'을 '울화병의 줄임말로 분노와 같은 감정이 해소되지 못하여 화(火)의 양상으로 폭발하는 증상이 있는 병'이라고 한다. 진단을 할 때에는 신체 증상, 심리 증상, 사회적

기능 저하와 스트레스 유무 등에 대해 종합적으로 판단한다. 대표적인 신체 증상은 위에서 언급한 '가슴이 답답함', '치밀어 오르는 느낌', '열감' 그리고 '목이나 명치에 뭉친 느낌' 등이 있다. 화병을 치료하는 약물 요법으로는 화를 내리는 약과 화를 조절하는 약 그리고 기의 울체를 풀어주는 약을 응용한다. 대표적인 처방으로는 분심기음을 쓰는데 이는 기가 울체되어 가슴이 그득하고 답답하며 배가 불러 오르고 대소변이 잘 나오지 않을 때 쓴다. 신경증, 신경쇠약증, 부종, 복막염 등에 쓰기도 한다. 이외에도 증상이나 체질에 따라 시호억간탕, 가미소요산, 천왕보심단, 자음건비탕 등을 응용하기도 한다. 하지만, 근본적인 치료를 위해서는 상담치료가 동반되어야 한다. 발병 동기나 환자의 성격, 스트레스를 받는 원인 등에 대해 상담하고 개선시켜야 한다.

서양의학이나 동양의학에서도 '화병'의 근본적인 치료의 핵심은 '스트레스의 원인제거와 스트레스를 받아들이는 자세'이다. 이번 편에서 다룰 내용은 사람이 싫어서 생기는 '화병'이다. '화병'에 관한 연구를 보면, 화병은 주로 30대~50대 여성에게 많이 생기고 그 원인은 고부갈등, 남편과의 갈등 그리고 자녀와의 갈등이 가장 많았다고 한다. 이외에도 10대~30대들도 교우관계에서의 갈등, 선생님과의 갈등, 부모와의 갈등, 직장 내의 갈등, 고객(거래처)과의 갈등 그리고 연인과의 갈등까지 다양하게 발생하고 있다. 즉, 다른 사람이 하는 언행이 싫어서 혹은 답답해서 생기는 병이라는 것이다. 모든 병에 있어 가장 효과가 좋은 1차 치료는 바로 '원인 제거'이다. 정말 마음에 들지 않는 친구가 있으면 안보면 되는 것이고, 회사가 정말 안 맞으면 퇴사하면 되고, 연인과 잘 맞지 않는다면 헤어질 수도 있다. 하지만, 정말 불행한 것은 원인을 제거하는 것이 불가능할 때 발생한다. 가족과의 갈등이 그렇다.

혹시 누군가에 대한 감정이 깊게 쌓여서 '그 사람'의 목소리만 듣거나 얼굴만 봐도 화가 치밀어 오른 적이 있는가? 우리가 천사가 아닌 이상 누구나 한 번쯤 겪어봤을 것이다. 특히 이런 상황을 깊게 들여다보면 나는 화가 치밀어 오르는데 상대방은 전혀 모르고 있는 경우가 많다. 반대로 나는 전혀 몰랐는데 상대방이 나로 인해 '화병'을 느끼고 있을 수도 있다. 일단 후자의 경우보다 전자 경우라면 다행이다. 적어도 내가 화병에 걸린 사람이기 때문이다. 사실 사람은 큰 계기가 있지 않는 한 쉽게 변하지 않는다. 성격이나 행동을 변화시키기 위해서는 엄청난 노력과 시간이 필요하다. 내가 변하는 것도 쉽지 않은 상황에서 남을 바꾼다는 것은 거의 불가능하다고 보는 편이다. 그런 이유로, 남을 변화시키는 것보다 내가 변화하는 것이 상대적으로 더 쉽고, '받아들이는 내'가 변한다면 어느 정도 화병을 해소할 가능성이 있는 것이다. 그런데, 화병이 걸린 사람에게 '당신이 바뀌셔야 합니다'라고 상담을 하면, 대부분 사람들의 반응은 이랬다. "그 사람이 잘못했고, 나를 화나게 하는 건 그 사람인데 왜 내가 바뀌어야 해?", "억

올해, 내가 당한 것도 모자라 내가 바뀌고, 나는 계속 피해자로 살라는 거 아냐?", "내가 왜? 싫어, 짜증나!".

억울하고 짜증난 반응을 보이는 것은 너무도 당연하다. 우리는 어렸을 때부터 울면 지는 것이고, 도망가면 지는 것이고, 바꾸면 지는 것이고 그리고 내가 참으면 지는 것으로 생각해왔기 때문이다. 하지만, 우리가 변해야 하는 이유는 지기 위해서가 아니다.

우리가 먼저 변해야 하는 이유

상대방을 변화시키기 위해 맞서서 대립하기에는 현재 우리의 멘탈(이미 화병에 걸린 것을 보니)이 너무 약하다. 먼저 변하라는 것은 우리의 정신이 건강해지고 단단해지기 위해 일보 후퇴하는 것이다.

- 상대방이 쉽게 변할 사람이었으면 이미 변했을 것이다. 상대방은 부러지지 않는 단단한 고집이라는 무기를 가지고 있다. 당신도 비슷한 무기를 가지고 싸우게 되면 둘 중 한쪽은 부서질 것이다(주로 당신이 되겠지만). 우리는 맞아도 충격을 받지 않고 원상 복구되는 젤리 같은 내구력이 무한한 무기가 필요하다.
- 우리가 먼저 상대방에 대한 미움이나 응어리진 감정을 풀어보자. 화병이라는 것은 생각보다 아무것도 아닌 게 될 수도 있다. 가족이 아니라면 '그냥 인생에 스쳐가는 바람일 뿐'이고, 가족이라면 '그들이 변하거나 깨

닫기까지 조급해하지 않고 천천히 기다려주면 되는 것'이다. 정 바뀌지 않는다면 '그것 또한 정해진 운명'으로 생각하고 마음을 편하게 먹어야 우리의 건강에 해롭지 않다.

우리는 어떤 방법을 써서 변해야 하는가? 상대방이 나를 화나게 하는 이유는 사람마다 참 복잡하고 원인도 다양하다. 제3자가 보기엔 그렇지 않은 일도 유독 나에게는 화나는 사건이 되기도 한다. 내가 활용했던 방법들 중 다른 사람에게도 추천해주었던 방법들을 소개해보려고 한다.

1) NPC 화

게임을 해본 사람들은 NPC(non-player character)에 대해서 잘 알 것이다. 가상공간에 존재하는 사람(플레이어)이 아닌 캐릭터(컴퓨터)를 말한다. NPC들은 상점에서 물건을 팔기도 하고, 임무를 주거나, 배경을 구성하기 위해 존재하고, 게임의 스토리라인을 위해 등장하기도 한다. 간혹, 우리에게 화를 내거나 공격을 하는 NPC들도 등장한다. 여러분은 우리를 공격하는 NPC에게 화내거나 분노한 적이 있는가? 아니다. 그것은 가상의 공간이기 때문이다. 이 방법은 내가 싫어하는 사람과 대화를 할 때 주로 사용한다. 겉으로는 열심히 대화를 주고받고 있지만, 속으로 '나는 그냥 사회라는 게임 속에서 NPC와 대화를 하고 있는 거야. 이 사람이 뭐라고 하든 크게 상관없어, 어차피 이 사람은 정해진 알고리즘에 따라 움직이는 NPC니깐, 나는 이 사람에게 기분 나쁠 일이 전혀 없는 거야'와 같은 생각을 한다. 정말 싫어하는 사람을 대상으로 하다 보면 가끔 재밌기도 하고 미움의 감정이 사라지고 무의 감정이 오기도 한다. 그렇게 되면 더 이상 나도 상처나 스트레스를 받지 않고 자연스럽게 대처가 가능해진다.

2) 미운 놈 떡 하나 더 주자

이 방법이 잘 맞는 사람들에게는 효과가 있다. 내가 정말 싫어하는 사람을 오히려 입장 바꿔가며 이해하려고 노력하고, 오히려 측은하게 생각하여 잘해주는 것이다. 특히 상대방이 잘못된 행동이나 혹은 남에게 피해를 주는 방어기제에 의해 미움을 받고 있다면, 이 사람의 미성숙함을 안타까워하며 더 잘 대해주는 것이다. 상대방은 아직 '건강한 어른'이 되지 못한 것이고, 주변에서 그런 행동들에 대해 조언을 받지 못했거나 본인의 개선 의지가 없는 상태인 것이다. 이런 사람에게 우리가 화병을 얻을 필요는 없고, 안타까운 마음으로 떡이나 하나 더 주자.

우리가 정신적으로 건강해지고
남을 품어줄 만큼 마음이 넓어져서,
'떡 하나 더 줄 수 있는 어른'이 되었으면 좋겠다.

5

'기분 나쁜 일' 참고 견딜까? 웃고 넘길까?
―스트레스에 대항하는 우리의 정신 방어체계

> 우리 몸은 외부에서 침입해 온 병원체(바이러스나 박테리아)에
> 대응하기 위한 고유의 방어 체계를 가지고 있다. 바로 선천 면역과
> 후천 면역 시스템이다. 그러면, 스트레스에 대해 우리의 정신 건강을
> 지켜주는 방어체계도 존재할까?

코로나19 팬데믹 사태가 장기화되면서 몸의 방어체계인 '면역계'에 관심을 가지는 사람들이 많아졌다. 주변 사람들도 면역력 증진을 위해 나에게 '건강기능식품'에 대한 질문을 많이 한다. 또한, 코로나와 관련된 내용(오해/예방법/대체요법/백신의 진실)도 많이 물어보곤 한다. 이번 장에서는 쉽고 간단하게 우리의 몸의 다양한 방어체계에 대해 먼저 이야기해보려고 한다.

방어체계(선천면역과 후천면역)

1) 1차 방어벽

보통 외부 감염원(박테리아 또는 바이러스)은 우리의 몸을 둘러싼 피부나 점막 상피세포에서 1차적으로 차단된다. 그러나 코로나 바이러스의 경우는 '3개의 빨대가 뭉쳐진 모양의 스파이크'를 이용하여 쉽게 침입한다. 침입한 바이러스는 자신의 유전 물질(RNA)을 집어넣게 되고, 우리 세포는 새로운 바이러스를 증식하는 숙주가 되고, 정상세포의 기능을 하지 못하게 된다.

2) 선천면역(초기 대응)

적이 쳐들어오면 우리 몸은 당연히 가만히 있지 않는다. 손상된 방어벽을 인식하고 1차적으로 선천성 면역세포들이 출동한다('대식세포, 호중구, 수지상세포, 자연 살해 세포'라는 이름을 가졌다). 이들은 생김새를 특정하여 그들이 아군인지 적인지 확인하며(TLR-7을 이용), 각자의 방법을 이용하여 바이러스에 맞서 싸운다. 이 과정에서 각 면역세포들은 다양한 알람과 신호(사이토카인과 케모카인을 분비)를 주변으로 보낸다. 이 신호를 받게 되면 주변에서 면역세포들이 격전지로 모여들기도 하고, 잘 싸울 수 있도록 도움을 받기도 한다. 그러나, 이들은 향토 방위군 수준이다. 바이러스와 본격적인 전쟁하기 위해선 군대(T 세포)가 동원되어야 한다. 그들에게 정보를 전달하는 친구가 '수지상 세포'이다. 수지상 세포는 감염된 세포 혹은 바이러스를 포식하고 분해하여 그들의 정보(항원)를 만들어 낸다. 이 정보를 가지고 훈련소(림프절)로 이동한다.

3) 후천면역

수지상세포가 가져온 정보(항원)는 군대(T 세포)가 받게 된다. T세포는 간단하게 근거리 공격수(세포 독성 T세포)와 서포터(1형, 2형 도움 T세포)가 있다. (실제로는 종류가 더 많다.) 정보를 얻은 근거리 공격수는 격전지로 달려가 바이러스와 맞서 싸운다. 서포터 1형은 돌격군이 더 강해지고 수를 증식하도록 도움을 주고, 서포터 2형은 원거리 공격수(B세포)를 찾아간다. 정보를 얻은 원거리 공격수는 유도 미사일(항체)을 생성해 분비한다. 분비된 유도 미사일은 바이러스에 붙게 되어 꼼짝 못 하게 해 쉽게 잡아 먹히거나 파괴되게 만든다. 일부 공격수들은 바이러스에 대한 정보를 기억한 채 '기억 세포'로 남아, 언제 침입할지 모르는 2차 공격에 대비한다.

우리 몸의 방어체계를 간단하게만 설명하였고, 최근 화이자나 모더나에서 개발한 코로나 백신은 '코로나 바이러스의 스파이크 부분'을 만들어 주는 mRNA(단백질을 만드는 유전물질) 백신(mRNA+

지질 전달 물질(LNP))이다. 근육주사를 통해 백신을 맞게 되면, 근육세포가 mRNA를 이용해 코로나 바이러스의 스파이크를 만들게 되고(껍데기만 만들기에 감염성은 없다), 수지상세포가 이를 정보로 인식해 공격수들에게 전달하여, 그들을 '기억 세포'로 남게 하는 것이다. 이후, 실제 코로나 바이러스가 들어왔을 경우, 빠르게 유도 미사일을 만들고 직접 공격하여 우리 몸을 방어(예방)해 낼 수 있는 것이다. 바이러스는 숙주를 거치면서 다양한 변이가 일어나게 되는데 여기서 '스파이크 부분'에 변이가 생겨버린다면, 기존의 백신이 효과를 보이지 않을 수 있다. 이런 우리 몸의 방어체계처럼 우리에게는 정신 건강을 위한 방어시스템이 존재한다.

방어기제란? 프로이트의 '신경 정신학 논문'에서 처음으로 언급된 단어로 '자아가 위협받는 상황에서 무의식적으로 자신을 속이거나 상황을 다르게 해석하여, 감정적 상처로부터 나를 보호하는 심리 의식이나 행위'를 뜻한다. 우리의 몸뿐 아니라 우리의 정신도 외부의 침입으로부터 나를 지켜주는 방어체계가 있을까? 우리는 짜증과 스트레스에 당하고만 살아야 할까? 우리의 정신도 하나의 방어 시스템(방어기제, Defense mechanism)을 가지고 있다. 하지만, 우리의 몸과 다른 점은 모든 사람이 비슷한 작용원리를 가지고 있지 않고, 사람마다 '개인의 성장배경, 성향 또는 성격'에 따라 다양한 방어기제를 가지고 있고, 본인도 의식하지 못한 사이에 습관화되어 있을 가능성이 높다. 다양한 방어기제의 유형 중에는 나의 올바른 정신 건강에 도움을 주는 유형이 있는가 하면, 반대로 장기적으로 타인에게 피해를 주거나 나에게 해가 될 수 있는 유형이 있다. 어떤 유형이 있는지 살펴보면서, 나 자신도 모르게 사용하고 있는 나의 방어기제에 대해서 확인해보도록 하자.

1) 타인에게 피해가 갈 수 있는 유형

- 환치 또는 전치: '종로에서 뺨 맞고 한강에서 눈 흘긴다'라는 말처럼, 한 대상에게 쌓인 감정(분노, 슬픔, 수치심, 죄의식 등)을 다른 대상에게 풀어 나를 방어하는 방법이다. 다른 대상에게 화풀이나 분풀이는 하는 경우 또는 연인과의 이별 후 바로 다른 연애를 시작하여 슬픔을 푸는 경우도 이에 해당한다.
- 투사: 쉽게 말해 '책임 전가'이다. 어떤 일의 결과, 상황, 감정 등의 원인이 타인에게 있다고 전가시켜 나를 방어하는 방법이다. 본인이 힘들거나 아픈 것이 다른 사람의 탓이라고 믿게 되는 것이고, 이런 방어기제가 심해지면 편집증, 불안장애 그리고 피해의식을 겪게 된다. 간혹, 책임 전가를 본인에게 하는 경우도 있는데 이것은 스스로를 망가뜨리는 행위이다. 예를 들면, '내가 불행해서 그래. 내 탓이지 뭐', '나는 원래 운이 없어 그래', '내가 하는 일은 다 망해'와 같은 경우로 스스로의 기대감을 낮춰 마음이 상처받는 것을 애초에 차단해버리는 것이다.
- 행동화: 말 그대로 행동파이다. 화나면 싸우고, 슬프면 울고, 기쁘면 신

나는 것으로 본인의 강력한 욕구가 절제되지 못하고 즉각적으로 분출되는 경우이다. 본인의 스트레스는 바로 풀릴 수 있겠지만 남에게 위해를 가하거나 피해를 주는 일이 많이 생길 수 있다. 이런 유형이 공격성을 띄면 주변 사람에게 많은 피해를 주기 때문에 미리 자각하고 고치는 것이 좋다.

- 수동 공격적 행동: 청소년기에 자주 나타나는 유형으로 기분이 상하면 능동적으로 반응하지 못하고, 기분을 간접적으로 분출하는 유형이다. 화가 나면 말을 안 하거나, 어떤 일을 해달라고 하면 일부러 안 해주거나, 기분 나쁘면 뒤에서 상대 험담을 하는 행위이다. 이런 행동 유형은 업무적으로는 공과사를 구분하지 못해 업무능력 저하가 오거나 심해지면 인격장애도 올 수 있다.
- 통제: 주변의 갈등 상황을 주도적으로 해결하고 주도권을 잡아야 마음이 편해지는 유형이다. 주로 자기주장이 강한 편으로 어떤 일이든 본인이 주도적으로 해야 하며, 다른 사람의 일에 간섭하려는 경향이 강하다. 심하면 고집 불통이 되고 다른 사람의 의견을 묵살하기도 한다.

2) 타인에게 큰 피해가 가지 않지만 본인에게 해가 되는 유형

- 허세: 스스로 과시하는 행동이나 태도를 취해 본인을 방어하는 유형이다. 주로 외형적인 것을 중시하고, 타인의 시선을 의식한다. 본인의 수준에 맞지 않는 소비(명품)를 하거나 행동(유식한 척)을 한다. 심해지면 자아 정체성의 혼란이 오거나 자의식 과잉으로 빠질 수 있다.

- 왜곡: 자아도취라고 보면 되는데, 현실을 왜곡하여 본인을 방어하는 유형이다. 모든 세상이 자기중심으로 돌아가고, 본인이 한다면 모든 게 가능할 것이라고 착각하는 유형이다. 본인만의 세상에 갇혀 행복할 수 있다. (간혹 초능력을 쓸 수 있다고 말하기도 한다.) 이런 경우도 자의식 과잉으로 빠질 수 있다.

앞선 두 유형이 자의식 과잉으로 빠지게 되면 1) 자신의 말을 반박하거나 본인보다 나은 의견을 제시할 경우, 공격으로 받아들이고 화를 내기도 한다. 2) 나에 대한 지적을 받아들이지 못하고, 남을 헐뜯고 스스로를 치켜세우려고 한다. 3) 심한 경우 망상을 하기도 하고, 타인의 언행을 자기에게 유리하게 생각하기도 한다.

- 예견: 본인의 내적 혹은 외적 불안감으로부터 방어하기 위해 철저하게 준비하고 계획하는 유형이다. 흔히 강박증이라고 볼 수 있다. 간혹 건강염려증을 보이기도 한다.
- 해리: 쉽게 말하면 '멘탈 붕괴'라고 생각하면 된다. 극심한 고통이나 외부의 충격을 방어하기 위해 일시적으로 의식의 변형을 일으키는 것이다. 힘든 상황이 생기면 갑자기 현실 자각 능력이 사라지고, 무슨 행동을 해야 할지 모르는 상태이다. 심하면 해리성 장애가 생길 수 있다.
- 부인: '현실 부정'이라고 생각하면 된다. 극심한 고통이나 외부의 충격으로부터 본인을 보호하기 위해 도피하는 방법이다. 이는 스스로를 보호하지만 현실도피의 경향이 강하고 궁극적인 문제 해결이 될 수는 없다.

- 반동 형성: 본인이 느끼는 감정을 완전히 정반대로 분출하는 유형으로 본인의 속마음이 드러나길 꺼려하는 사람들에게 나타난다. 정말 싫어하는 대상에게 오히려 잘해주거나 반대로 정말 좋아하는 대상에게 냉정하게 대하는 것이 이에 해당된다.
- 회피: 본인이 마주하기 싫은 감정이나 상황을 회피하여 마음을 보호하는 유형이다. 순간적으로는 마음의 위안을 받을 수는 있겠지만 궁극적인 해결책이 될 수 없고 도피적인 성향이 커지게 된다.
- 합리화: 본인의 행동, 생각, 태도를 의도적으로 합리화시킴으로써 스스로를 정당화해 위안을 받는 방법이다. 정당화를 시킬 이유를 찾거나 주변에 말하면서 끊임없이 스스로를 세뇌시키기도 한다. 간혹 "내가 상대방에게 못되게 구는 것은 강하게 키우기 위해 '악역'을 하는 거야", "일이 잘못된 것은 불가피 한 상황이지, 난 할 만큼 했으니 내 잘못은 아니야", "정말 사고 싶지만 일부러 안 좋은 이유를 만들어가며 사지 않는 것으로 정당화하는 것" 등이 있다.

3) 타인에게도 나에게도 큰 피해가 가지 않는 유형

- 유머: '웃음으로 눈물 닦기'라는 말처럼, 극한의 상황이나 감정에서 오히려 해학적으로 승화시키는 방법이다. 정말 심각한 상황에 오히려 농담을 던지거나 웃음으로 분위기를 푸는 사람들이 이에 해당한다.
- 주지화/지식화: 충격적인 상황에 당황하지 않고 분석하며 해결 방법을 생각함으로써 스트레스를 부정하는 방법이다. 정서적으로 충격을 받는

것을 차단하고 문제 해결에 집중하는 방법이다. 교통사고가 났을 때 당황하기보단 적절한 절차대로 사고 수습을 하고 병원에 가서 보험청구를 하는 행동도 하나의 예시이다. 이런 유형의 사람은 직장 내에서도 문제 해결 능력이 뛰어나다고 평가를 받지만, 가끔 공감 능력이 부족하거나 감정이 메말랐다는 소리를 듣기도 한다(그래도 위기의 상황에는 쉽게 흔들리지 않아 의지가 되는 유형 중 하나이다).

- 승화: 외부의 스트레스, 충동 또는 감정을 다른 형태로 방출시키는 방법이다. 스트레스나 여러 감정을 풀기 위해 운동을 하거나, 글을 쓰거나, 노래를 부르거나 이와 같은 사회적으로 용납되는 방법으로 에너지를 분출하는 형태이다.
- 이타주의: 이런 유형은 외부의 스트레스나 분출하지 못하는 감정이 이타적인 행동(봉사나 기부 등)으로 나타나는 유형이다. 선한 이미지를 유지하고 싶은 잠재적 의식이 있는 사람에게도 나타나기도 한다. 사회적으로 선한 영향력(감동과 본받고 싶은 마음)을 주는 유형이다.
- 억제: 외부의 스트레스나 불안한 감정을 분출하지 않기 위해 내면에서 억제하고 눌러 두는 유형이다. 겉으로는 단단한 사람으로 보이지만, 한계치에 도달하면 한 번에 분출(폭발)하게 될 우려가 있다.

소개한 유형 외에도 다양한 유형들이 있다. 우리는 '나 자신'이 모르는 와중에도 다양한 정신적 방어기제들이 작용을 해왔고, 그중 나를 가장 잘 보호했던 기제들은 이미 체화되어 자연스럽게 발현되고 있을 것이다. 다만, 우리가 사용하는 방어기제들이 그 순간에는 나를 보호할 수 있겠지만 결국에는 다시 나 자신을 망가뜨리는 혹은 내 주변 사람들에게 피해를 주게 될 수도 있다. 이왕이면 '나의 행복과 정신건강에도 도움이 되고' 혹은 '사회 통념적으로 받아들여지는 방법'으로 방어기제를 바꿔보는 것이 어떨까?

나도 어린 시절부터 자연스럽게 습관화되었던 방어기제들이 있었다. 특히 가장 많이 사용하던 방법은 억제와 합리화였다. 외부에서 생긴 스트레스나 부정적인 감정들은 나의 마음속에 묻고 또 묻었다. 또한, 나의 옳지 않은 언행과 행동의 결과에도 늘 정당성을 부여해 스스로를 합리화시키곤 했다. 하지만, 이런 방법들이 결국에는 부작용이 되어서 분출되었고, 나의 '건강한 정신'을 지키는 데에는 효과적이지 못했다. 그 후로 나는 남에게도 피해를 주지 않고, 나 자신에게도 도움이 될 만한 방어기제를 활용하기로 했다. 현재 내가 가장 많이 사용하고 있는 방어기제들을 소개하려고 한다.

1) 주지화/지식화

이는 내가 가장 많이 사용하는 방법이다. 갑작스럽게 발생한 외부의 스트레스나 극한 상황을 감정적으로 받아들이기 전에 곧바로 '해결해야 할 문제'로 치부해버린다. 마치 나는 감정이 없고 문제만 해결하는 기계처럼 조금은 냉정하게 대응하는 것이다. 예를 들어, 대학원 시절 오랜 기간 준비한 논문을 해외 저널에 투고한 적이 있었는데 이는 졸업의 문제도 걸려있어 굉장히 중요한 일이었다. 4개월의 검토기간 끝에 거절(reject)이라는 결과를 받았다. 일반적으로는 마음의 상처를 받고 천천히 수정과정을 거치고, 또 긴 시간을 들여 다른 해외 저널에 투고하고 검토를 기다리게 된다. 하지만 나는 그것을 기다릴 물리적인 시간(졸업 때문에)이 없었고, 상처받을 여유 또한 없었다. 기존 검토 결과에 대한 문제점을 파악한 후에 동일한 해외 저널에 반박문과 함께 재투고를 했다. 결과적으로 그 저널에서 나의 반박 논지를 받아들여 바로 출간을 승인(accept)해주었다. 이는 나의 방어기제가 나의 정신건강을 지킬 뿐 아니라 일처리에서도 도움을 받고 있는 좋은 사례 중 하나였다. 물론 이 방법에서도 주의할 점이 있다. 다른 사람의 고민을 들어줄 때에는 해당 방법보다는 공감과 위로가 앞서야 할 때가 많다. 나의 방법을 남에게 무조건적으로 강요할 수는 없는 것이다.

2) 승화

운동을 통해 나에게 쌓인 감정과 스트레스를 분출하는 방법이다. 이 방법을 써본 것은 3년 정도 되었는데, 매일 헬스장에서 운동을 하니 '내가 인지하지 못한 스트레스'까지 풀리고 상쾌한 기분이 든다. 더불어 몸 건강까지 좋아지기 때문에 꼭 추천하는 방법 중 하나이다.

3) 최악의 경우와 비교를 통한 위안

1번과 2번으로도 해결되지 않는 문제가 있다. 그런 경우에는 나만의 방법을 사용한다. 어떤 일은 늘 다양한 결과가 발생할 수 있다. 늘 최선을 다하지만 예상과 다른 결과가 나올 수 있는 법이다. 그럴 때에는 최악의 상황이 벌어지지 않은 것을 다행이라 여기면서 충격을 완화시키는 방법이다. 예를 들어, 이전에 P2P투자를 잘못하여 현재 원금도 회수하지 못하는 상황이다. 적지 않은 돈이기 때문에 스트레스를 받고 힘들어 할 수 있겠지만, 그래도 어린 나이였기 때문에 더 큰 돈을 넣지 않아서 다행이라고 여겼고 인생의 교훈을 얻었다고 위안삼은 뒤 잊어버렸다. 당장 스트레스를 받는다고 해서 돌아오는 돈이 아니기에 나의 정신건강을 위해 빠르게 머릿속에서 치워버리는 방법이다.

6

적을 우호적으로 만드는 방법, '경청'
―경청이 주는 다섯 가지의 긍정적인 변화

제작진이 뽑은 국민 MC 유재석의 성공 비결은 철저한 자기관리를 통해 오랫동안 정상의 자리를 지키는 '성실함'과 다른 사람을 배려할 줄 아는 따뜻한 인간미, 그리고 '매너'라고 한다. 특히, 한결같이 상대방의 말에 '경청'하는 자세는 현대인들이 본 받아야할 자세 중 하나라고 생각한다.

'건강한 어른'이 되기 위해 필수적인 자세 중 하나는 바로 '경청(傾聽)'이다. 경청은 '단순하게 상대방의 말을 듣는 것'이 아닌 '적극적인 듣기'이다. 상대방이 전달하는 말의 내용 이외에도 상대방의 비언어적 신호(단어 선택, 목소리 톤, 손짓, 얼굴 표정, 말하는 속도 등)까지 살펴야 상대방의 말 속에 내포되어 있는 감정과 의도까지 파악할 수 있기 때문이다. 그만큼 경청을 위해서는 상당한 에너지를 필요로 하며, 이는 결코 쉬운 일은 아니다. 경청은 원활한 의사소통의 기본이며 시작이다. 또한, 사람 간의 관계를 우호적으로 유지하기 위해서는 경청을 할 줄 알아야 한다. 우리는 모두 '경청의 중요성'에 대해 경험적으로 알고 있을 것이다. 누군가와 대화를 할 때 상대방이 집중해서 들어주고 반응해주면 더욱 신나서 이야기하고 있는 자신을 발견했을 것이다. 반대로, 누군가 나의 말을 시큰둥하게 듣거나 딴짓(핸드폰보기, TV보기 등)을 하면서 듣는 둥 마는 둥 하면 나도 기분이 상하거나 말할 흥이 떨어진 경험도 있을 것이다. 입장을 바꿔 내가 청자가 되었을 때, 조금 피곤하고 지쳐서 상대방의 말을 건성으로 듣는다면 상대방도 대화를 멈추고 기분이 상해 떠날 수도 있다. 이만큼 남의 말을 '듣는 것'은 상대방과의 관계를 우호적으로 만들기도 하고, 더욱 악화시킬 수도 있다.

경청을 잘 활용한다면 나의 정신도 건강하게 유지할 수 있고, 사람 관계에서 발생하는 스트레스도 미리 예방할 수 있다. 남의 말을 잘 들어주는 것과 나의 정신건강은 어떤 상관관계가 있을까? 나는 직업 특성상 몸과 마음이 아프거나 스트레스를 많이 받은 사람들과 대화를 하는 상황이 자주 있다. 가벼운 대화를 나누거나 상담을 하다 보면 화병을 겪는 사람, 번 아웃이나 슬럼프를 겪는 사람, 스트레스를 많이 받고 있는 사람, 타인을 심하게 의식하는 사람, 불안증이 있는 사람 또는 행복하지 않은 사람 등 정신적으로 건강하지 못한 사람들이 많이 있다. 이런 유형의 사람들에게 자주 보이는 특징 중 하나는 상대방의 말을 경청하지 못하거나 경청할 마음의 여유가 없는 것 같다. 그렇다면 경청을 어려워하는 사람은 어떤 특징을 가지고 있을까?

경청을 잘하지 못하는 사람들의 특징

1) 상대방의 이야기를 적극적으로 들어줄 만큼 마음의 여유가 없다

본인의 현재 상황이 무척 견디기 힘들고 마음의 여유가 전혀 없기 때문에 감정을 쏟아내는 것에만 집중하고 있다. 남의 말에 집중하기보단 본인의 감정을 우선적으로 말하려는 경향이 있고, 현재 자신의 감정을 푸는 것에 집중한다. 이것은 '하소연'에 가까운 경우가 많고, 상대방에게 자주 하게 되면 듣는 사람과의 관계를 악화시킬 수 있다. 또한, 본인의 스트레스를 해결하는 궁극적인 방안이 되지 않는다.

2) 마음이 조급하여 상대방의 이야기를 차분히 듣지 못한다

성격이 급한 사람에게 자주 보이는 유형이다. 간혹, 스트레스가 많이 쌓인 사람들은 교감신경이 항진되어 심장이 자주 두근거리며 마음이 조급해지고 신경이 예민해진다. 그러면 상대방의 말에 집중하지 못하고 차분하지 못하며 몸을 자꾸 움직이려고 한다.

가끔은 상대방의 말을 끊어버리거나 혹은 빠르게 요약해버리고 본인의 말을 하기도 하는데, 이는 상대방의 기분을 고려하지 않기 때문에 상대방에게 상처를 줄 수 있다. 타인에게 더이상 피해를 주지 않도록 스스로만의 스트레스를 해소하는 방법을 찾아야 한다.

3) 상대방에게 동조, 위로 또는 공감을 강요한다

상대방과의 대화를 통해 서로 의견을 소통하지 않고, 본인에게 일어난 일이나 감정에 대해 반복적으로 이야기를 하는 것이다. 상대방의 입에서 본인이 듣고 싶은 말(동조, 위로 또는 공감)이 나올 때까지 반복하는데 이는 상대방을 지치게 하거나 관계를 악화시킬 수도 있는 행위이다. 또, 상대방이 본인이 원하는 말을 해주지 않으면 싸움으로 번지기 쉽다. 이 방법은 근본적인 원인 해결을 더욱 힘들게 만든다.

4) 자신의 마음을 지키기 위한 방어기제가 발동되었다

상대방이 하는 말이 본인에게 상처가 될 것 같아 미리 겁을 먹은 경우, 타인의 비판을 잘 받아들이지 못하는 경우, 상대방이 내가 싫어하는 말을 할 것 같은 경우에 스스로를 지키기 위한 방어기제로 '경청'을 하지 않는다. 본인의 정신 건강을 지킬 수는 있지만 상대방과의 관계에서는 신뢰를 쌓지 못하게 된다. 이런 사람은 본인 스스로도 잘 모르고 있는 경우가 있으니 주변에서 조심스럽게 조언해주어야 한다. 물론 그 말마저도 경청하지 않을 수 있다.

5) 본인의 의견이나 경험이 모두 정답이라고 생각한다

본인의 경험이나 의견을 맹신하기 때문에 타인(심지어 전문가의 조언도)의 의견을 무시하는 경우이다. 상대방의 대화를 중간에 끊고 반박하거나 상대방의 이야기를 듣고도 쉽게 받아들이지 못한다. 이런 유형의 사람은 고집이 세기 때문에 주변에서도 대화하기를 꺼려한다. 누구나 완벽한 사람은 없다. 부족함을 인정하고 타인의 의견도 수용할 줄 아는 용기도 필요하다.

6) 자신감이나 소통의 기술이 부족하여 비언어적인 방법이 잘못된 경우

본인은 집중에서 잘 듣고 있음에도 비언어적인 방법이 옳지 못해 주변에서 오해를 사는 경우이다. 자신감이 부족하여 대화를 할 때, 상대방의 눈을 쳐다보지 못하거나 자세를 불편하게 하면, 상대방은 본인의 이야기에 집중하지 않거나 관심이 없다고 오해할 수 있다. 경청에는 비언어적인 방법도 중요하다는 것을 인지할 필요가 있다.

경청을 잘하는 사람이 '건강한 정신'을 유지하는 것인지? '건강한 정신'을 유지하는 사람이 경청을 잘하는 건지?는 '닭이 먼저

냐, 알이 먼저냐'와 비슷한 느낌이다. 나의 경험으로는 전자가 더 가까운 것 같다. 나는 상대방의 말을 경청하기 시작하면서부터 여러 긍정적인 변화를 경험했다. 경청은 상당한 에너지를 필요로 하지만 계속 연습하다 보면 자연스러워지고 습관화된다. 내가 겪었던 긍정적인 변화들에 대해서 이야기해보려고 한다.

경청이 주는 긍정적인 변화

1) 관계 형성에 도움을 준다

새로운 사람을 만나 먼저 상대방의 이야기를 집중해서 들어주면(적절한 표정과 호응, 맥락에 맞는 답변과 질문 등), 상대방에게 긍정적인 이미지와 호감을 줄 수 있다. 또한, 상대방의 성격이나 성향을 미리 파악할 수 있고, 내가 어떤 식으로 다음 대화를 풀어갈지 생각할 수 있다. 이는 원만한 인간 관계를 구축하는 데 도움이 된다. 나에 대해 부정적인 이미지를 가진 사람에게도 공격적인 대화가 아닌 경청으로 다가간다면, 상대방의 불만을 쉽게 파악하고 상대방의 대화 속에서 해결책을 찾을 수도 있다. 혹은 오해가 쌓였더라도 경청을 한다면 쉽게 풀어나갈 수 있다. 이를 통해 어제의 적도 잠깐의 경청을 통해 나에게 우호적인 사람으로 바꿀 수 있는 것이다.

2) 직장생활에도 도움을 준다

"충분히 오래 들으면 상대방은 대개 좋은 해결책을 알려주기 마련이다." 이 말은 미국의 사업가이자 경청의 대가인 메리 케이 애쉬가 한 말이다. 상대방의 이야기를 충분히 듣게 되면 그 속에서 문제를 해결할 만한 요소를 찾을 수 있다는 것이다. 비즈니스 측면에서도 회사 간 파트너십이나 인적 네트워크를 형성하는 데에 경청이 그만큼 중요하다는 것을 의미한다. 회사에서 근무할 때, 우리 측의 장점을 설명하기 위해 시간을 쓰는 것만큼 상대방의 이야기를 경청해주는 것이 상호간 신뢰감을 쌓는 데 중요했던 순간들이 많았다. 이외에도 나는 약사로서 환자를 대할 때, 약을 권하기에 앞서 중요한 것은 환자의 상황에 대해 상세히 듣는 것이다. 그들의 이야기를 경청해보면 꼭 약을 먹지 않더라도 개선될 수 있는 실마리를 찾을 수도 있고, 본인이 인지하지 못한 위급한 상황이라면 병원을 내원하도록 안내할 수도 있다. 경청을 통해 내가 어떤 도움을 줄 수 있을지 명확하게 파악할 수 있는 것이다.

3) 상담을 잘해줄 수 있다

환자나 멘티들을 상담할 때에도 경청은 가장 기본이 되는 자세이다. 경청을 못하는 사람에게는 주변에서도 조언을 잘 구하지 않는다. 상담을 할 때에 내가 말을 길게 할 필요는 없다. 그들의 고민을 들어주며 진실되게 받아들인다는 것을 비언어적인 방법(표정)으로 보여주면 된다. 가끔은 말보다 진실된 표정이 더 힘이 되기도 한다.

4) 나의 고민이 자연스레 해결되기도 한다

나도 해결되지 않은 어려운 고민을 하는 경우가 많다. 하지만 가끔은 많은 사람의 이야기를 들어주다 보면 이유는 모르겠지만 자연스레 나의 고민이 아무것도 아니었던 것처럼 사라지는 경우가 있었다. 나의 '걱정과 불안'이라는 요소가 경청하고 위로하는 과정에서 승화되어 함께 사라지기도 한다.

5) 건강한 정신이 형성된다

다른 사람의 이야기를 경청한다는 것은 나 자신을 수련하는 것과 같다. 경청을 하다 보면 한 사람, 한 사람의 고민과 인생을 간접적으로 체험하게 되고, 그것이 하나의 백신처럼 작용하여 나중에 내가 비슷한 것을 겪을 때 유연하게 대처할 수 있는 힘을 준다. 또한, 다른 사람의 이야기를 듣는다는 것은 나의 마음의 여유를 넓힌다는 의미이다. 나의 마음에 여유가 생기면 내력이 강해지는 것이고, 사회에서의 외력(외부의 스트레스)에도 충분히 견딜 수 있게 되는 것이다.

21세기는 '자기 PR의 시대'라고 한다. 자신의 장점을 당당하게 드러내어 자신의 호감을 극대화하고 관심을 끌라는 것이다. 이런 당당함과 자신감이 큰 매력으로 보이기도 한다. 다만, 그럼에도 커뮤니케이션에서는 사람 간의 감정이 기본이고, 쌍방향의 소통이라는 것은 명심해야 한다.

> 신뢰가 바탕이 되는 관계는 매력이 만드는 것이 아니고
> 매너가 만든다.

7

'숨어서 하는 말'에 감정을 소비 당하지 말자
-악플과 뒷담화

People will question all the good things they hear about you, but believe all the bad without a second thought.

사람들은 당신에 관하여 들은 모든 좋은 이야기들에 대해 의문을 제기한다. 하지만 사람들은 당신에 관한 모든 나쁜 이야기들은 한 번에 믿어버린다.

작년에 국내 대표 포털 3사(Daum, Naver, Nate)는 '연예/스포츠'면에 댓글을 다는 기능이 폐지했다. 악성 댓글로 인해 상처를 받고 정신질환(우울증, 불면증, 공황장애 등)을 겪거나 심지어 극단적인 선택을 하는 유명인(연예인/스포츠 선수)들이 증가하고 있기 때문이었다. 당시에도 댓글 폐지에 대한 찬반 논란은 뜨거웠으며,

반대 측은 '우리나라는 표현의 자유가 보장받는 민주주의 국가이며 공인으로서 사회적인 관심은 감수해야 한다'는 주장을 하기도 했다. 하지만, 연예인이나 스포츠 선수는 본인들의 전문적인 능력을 바탕으로 활동하는 직업이지, 일반 사람들보다 정신적으로 건강하거나 혹은 멘탈이 더욱 강한 것은 아니다. '숨어서 하는 말'은 주는 쪽보다 받는 쪽이 항상 크게 느끼고, 한 명이 아닌 여러 명이 던지는 작은 돌에 맞아 상처를 입고 쓰러질 수 있다.

연예인이나 스포츠 선수들이 아닌 우리들도 다양한 종류의 '숨어서 하는 말'에 의해 상처를 받는다. 누군가는 자신의 SNS에 달린 댓글에 의해 상처를 받을 수도 있고, 누군가는 뉴스 기사에 달린 댓글을 보고 화가 나서 설전을 벌이기도 하고, 누군가는 수준 낮은 댓글들을 보면서 화가 나기도 할 것이다. 또한, 가상공간이 아니어도 누군가는 본인의 뒷담화를 듣고 화가 날 수도 있고, 누군가는 잘못된 소문이 도는 것을 알게 되어 억울할 수도 있고 혹은 내 앞에서 나의 친구들을 뒷담화하는 것에 기분이 나쁠 수도 있다. '뒷담화'는 당사자가 없을 때 남을 헐뜯는 행위나 그런 말을 의미한다. 이런 '뒷담화'를 컴퓨터 뒤에 숨어 인터넷상에서 하면 당사자도 볼 수 있는 '앞담화'로 변질되게 된다. '뒷담화'는 누군가 나에게 전해주거나 우연히 듣지 않는 이상 알 수 없지만, '앞담화'는 누군가 혹은 불특정 다수를 향해 상처를 줄 목적이거나 상대방의 기분을 고려하지 않고 던지는 말이다. 뒷담화나 앞담화(악플)는 모두 누군가에게 해를 주는 것인데 도대체 사람들은 왜 하는 것일까?

뒷담화를 하는 이유

1) 집단주의 문화의 산물

우리 사회는 여러 개인들이 모여 공동체를 이루며 살고 있고, 개인은 그 속에 속한 구성원이다. 우리는 같은 공동체 속의 '누군가'에 대해 이야기할 때에는 남의 이야기를 하는 것이 아니라 우리의 이야기를 한다고 생각하는 경향이 있다. 그러다 보니 대화의 공통 주제가 그 자리에 없는 '다른 공동체 구성원'이 되는 경우가 빈번하며, 이러한 상황에 대해 사실 우리 모두 자연스럽게 받아들이고 있다. 다만, 우리가 자리에 없는 '누군가'에 대해서 이야기를 나누는 것처럼, 내가 없는 곳에서 나의 이야기가 나눠지고 있는 것을 인지해야 한다.

2) 정서적인 동조

비슷한 상황에 처한 동료들끼리 비슷한 감정을 공유하며 위로받기 위해 '그들을 힘들게 하는 누군가'에 대해 이야기하는 것이다. 흔히 볼 수 있는 사례는 동기들끼리 선배를 험담하거나, 직장

동료들끼리 직장 상사를 흉을 보는 것이 이에 해당된다. 동료들끼리 함께 흉을 보거나 상대방의 말에 서로 동조만 해주어도 정서적으로 안정되는 기분을 느끼게 때문에 뒷담화를 하게 된다.

3) 친밀감 형성

뒷담화를 이용해 사람 간의 관계를 가까워지게 할 수도 있다. 두 사람이 대화를 할 때 꼭 험담이 아니더라도 공통으로 아는 사람의 이야기를 하면서 대화의 소재로도 삼고, 상대방의 생각이나 사고관에 대해 공유하기도 한다. 초기에는 친밀감 형성에 도움이 될 수 있지만, 대화의 주제가 계속 타인이 되고 부정적인 이야기로 치우친다면 어느 순간 다시 관계는 악화될 수 있으니 주의하자.

4) 정보 습득의 목적

사람들은 새로운 사람이나 정보가 없는 사람에 대해 알아내기 위해 뒷담화를 하기도 한다. 이는 사람들이 보통 모르는 사람과의 상호관계에서 생길 수 있는 변수를 사전에 파악하고 통제하려는 경향이 있기 때문이다. 또한 새로운 사람을 미리 파악하여 잣대를 통해 가늠하거나 경계하기 위한 목적으로도 뒷담화를 한다.

5) 스트레스 해소

사람들은 본인들이 당한 억울함, 분노, 다양한 감정들을 뒷담화를 통해 해소하려는 경향이 강하다. 특히 사회생활에서 겪은 일이나 감정을 연인, 친구 혹은 부모님에게 토로하면서 공감이나 위로를 얻으려고 한다. 보통 이런 뒷담화의 목적은 동조를 구하는 것이다. 그러니 괜히 상황을 냉정하게 분석하여 잘잘못을 따진다면, 타깃이 본인으로도 바뀔 수 있다는 것을 알아두자.

'뒷담화'는 마냥 나쁘다고 할 수도 없고, 좋다고 할 수도 없지만, 확실한 것은 사람들이 존재하는 동안에는 없어질 수 없는 산물이라는 것이다. '뒷담화'도 나름대로 순기능은 존재한다. 조직 내에서 '도덕적으로 잘못된 행동에 대한 뒷담화'는 다수의 사람에게 반면교사로 작용하기도 하고, 조직 내의 사회질서를 유지하는 효과도 있고, 결속력을 다지는 작용도 한다. 또한, 연인, 친구 혹은 가족에게 하는 뒷담화(절대 들킬 수가 없는)는 본인의 스트레스 해소에도 도움이 되기도 한다. 다만, 습관적으로 하소연을 하거나 부정적인 이야기를 자주하는 것은 하는 사람이나 듣는 사람에게도 좋은 것 만은 아니다.

앞담화(악플)을 하는 이유

가끔 인터넷에 달린 악플들을 보면 정말 사람이 쓴 글이 맞나 싶을 정도로 악플의 폐해가 극한의 상황까지 이르렀다. 단순하게 욕을 쓰는 것을 넘어 허위사실을 유포하거나 고인을 욕보이기까지 한다. 도대체 왜 악플을 다는 것일까?

1) 익명성

악플을 다는 사람들은 본인이 악플을 달아도 익명성으로 인해 쉽게 보복 받지 않는다고 생각한다. 또한, 본인의 글도 많은 글 중 하나일 뿐이라고 생각하여 군중 속에 숨으려고 하는 특성이 있다. 최근 들어 악플을 고소하는 사람들이 많아졌고, 그에 대한 판례 또한 쌓이기 시작했으니 익명성에 숨는 행위는 점점 사라질 것이다.

2) 비대면성

악플을 다는 사람들은 실제 본인이 타깃으로 하는 대상과 마주 보고 있지 않기 때문에 상대방에 대한 '인격'을 철저하게 무시한다. 본인의 글에 의해 누군가가 피해를 받을 것이라고 고려조차 하지 않거나, 오히려 상처를 주기 위해서 악플을 남긴다. 상대방에게 주는 상처나 피해에 대해서는 죄책감을 느끼지 않는다.

3) 심리적인 보상 추구/감정의 배설

일상생활에서 심리적으로 혹은 열등감으로 인해 위축되어 있는 경우, 인터넷 공간을 통해 마음 속에 억압된 감정이 발산하는 것이다. 이 과정에서 짜릿한 카타르시스를 느끼게 되고, 더욱 자극적인 글을 쓰게 된다. 내재된 열등감으로 인해 잘난 사람이나 유명인들을 비난하여 그들을 깎아내리고 싶어 하고, 그들이 남기는 악플은 타인의 기분을 전혀 고려하지 않는 '뒤틀린 감정의 배설물'일 뿐이다.

우리들이 험담이나 앞담화(악플)에 괴로워하는 이유는 무엇일까? 우리는 마땅한 이유 없이 험담과 같은 정신적인 공격을 받으면 자연스레 방어자세를 취한다. 심리적으로 충격을 받게 되고 그 순간을 계속 떠올리게 된다. 만약 공격이 나의 약점을 들췄거나 콤플렉스를 건드렸다면 더 큰 상처를 받고 점점 자신감을 잃게 된다. 그 과정에서 스트레스가 쌓이게 되고, 이를 극복하지 못하면 불안증이나 우울증까지도 오게 될 수 있는 것이다. 반대로 우리는 허위사실에 대해서도 민감하게 반응한다. 특히, 이미지를 먹고 사는 연예인들은 허위사실에 의해 더 큰 상처를 받게 된다. 그 이유는 '제3자 효과 이론'에서도 찾을 수 있다. '사람들이 어떤 메시지에 노출되었을 때, 그 메시지에 의해 자신은 영향을 받지 않을 것이지만, 제3자는 크게 영향을 받을 것으로 생각하는 경향'을 말한다. 즉, 왜곡된 보도에도 나는 분별력이 있어 옳고 그름을 충분히 판단할 수 있지만, 다른 사람들은 곧이곧대로 믿을 것이라 생각하는 것이다. 우리는 허위 사실이나 거짓 소문이 돌게 되었을 때, 소문에 노출된 나의 지인이나 제3자의 사람들이 곧이곧대로 믿어 나에게 실망할까 봐 걱정이 되고 스트레스를 받는 것이다.

> 남들이 뒤에서 나를 헐뜯는 말은 독이 묻은 화살 같은 것이랍니다.
> 그렇지만 다행히 뒤에서 숨어서 하는 말은 힘이 없어서 그 화살이
> 내 가슴을 뚫지는 못한데요. 그런데 가장 어리석은 행동은, 땅에 떨어진
> 그 화살을 내가 주워서 내 가슴에 찌르는 거죠.
> (드라마 '프로듀사' 중에서)

우리는 '숨어서 하는 말'에 대해 어떤 대응자세를 가져야 할까? 우리의 정신을 건강하게 유지하기 위해서는 어떻게 반응해야 할까? 위에서 이야기한 뒷담화나 앞담화(악플)의 특성과 본질에 대해 잘 이해했다면 이제 받아들일 마음의 자세를 키워야 한다.

뒷담화에 대한 우리의 자세

1) 나에 대한 뒷담화는 의연하게 넘겨라

뒷담화의 기준은 받아들이는 사람에 따라 다를 수 있다. 특별

히 험담을 하지 않고 사실에 대해서만 이야기하더라도 당사자가 들으면 기분 나쁠 수도 있기 때문이다. 앞서 이야기한 것처럼 사람은 다양한 목적으로 뒷담화를 한다. 이것은 사람으로 구성된 사회에서 '절대 없어지지 않을 필요악(?)'이란 것에 누구도 쉽게 부정하지는 못할 것이다. 그렇다면 그냥 인정하고 쿨(Cool)하게 대응해 보자. 내가 떳떳하고 당당하면 뒤에서 어떤 이야기가 오가던지 크게 신경 쓸 필요가 없다. 보통 험담의 대상이 되는 사람은 '사람들에게 주목을 받는 사람', '계급이 높은 상대적으로 높은 사람' 혹은 '부러움을 사는 사람'이다. '하나의 관심'이라고 혹은 '나를 생각해서 하는 말'이라고 조금 긍정적으로 생각하고 가볍게 넘겨보자(물론 뒷담화의 선을 지키는 경우에 한해서이다).

나도 현재 회사에서 팀장의 직책을 맡고 있고, 밑에 여러 부하 직원들을 두고 있다. 팀이 효율적이고 원활한 업무 진행을 하기 위해서는 팀원들끼리 친밀감을 형성하는 것이 중요하다고 생각한다. 그들의 친분 유지를 위해 팀원들끼리 식사하는 자리를 권장하기도 하고 혹은 나눌 대화가 없으면 '팀장 욕'을 하면서 친해지라고 농담하기도 한다. 팀장으로의 권위는 팀 내의 프로젝트를 효율적이고 완벽하게 이끌면서도 부하 직원들의 업무적 성장과 환경을 고려해 주는 것에서 온다고 생각한다. 팀의 업무 분위기에 피해가 가지 않는 선이라면 '건전한 뒷담화'는 쿨하게 넘기려고 노력하고 있다.

2) 우리는 모든 사람을 만족시킬 수 없다. 나의 주변 사람을 만족시키는 데 집중하는 편이 낫다

우리가 어떤 의도를 가지고 무슨 일을 하는지와 무관하게 누군가는 그것을 본인의 관점에서 평가를 내린다. 특히 높은 자리에 올라갈수록 혹은 관심을 많이 받는 자리일수록 이런 상황이 많이 발생하게 된다. 많은 사람의 시선과 평가를 감내할 수 있을 만큼 준비되지 않은 사람일 경우에는 억울해하고 상처받고 제 능력도 발휘하지 못 한 채로 자리에서 끌어내려오게 된다. 우리는 조금 마음을 편하게 먹을 필요가 있다. 우리가 어떤 마음을 먹고, 어떤 의도로 그리고 어떤 일을 하던지 그와 다르게 받아들이는 사람은 존재할 수밖에 없는 것이다. 모든 사람에 신경 쓸 여력이 없다면, 나의 확고한 신념을 바탕으로 일을 꾸준히 하되 나와 신뢰관계를 유지하고 있는 사람들에게만 집중하는 편이 나을 수 있다. 우리는 나의 주변 사람과 소통을 하고 살아가지, 보이지 않는 사람과 소통하며 살지는 않기 때문이다.

3) 뒷담화를 할 때에도 지켜야 할 선이 있다

뒷담화를 하더라도 예의는 지켜야 한다는 것이다. 다른 사람에 대해 이야기할 때 사실에 근거하지 않은 추측과 지어낸 말은 최대한 빼도록 하자. 반대로 그런 말을 듣더라도 곧이곧대로 믿지

는 말자. '죄를 미워하되 사람은 미워하지 말라'는 말처럼 한 사람의 언행에 대해서는 논할 수 있어도 인격적인 모독으로 변질되지는 말자. 한번 내뱉은 말은 다시 담을 수 없다. 특히 다른 사람에 대해서 평가할 때에는 머릿속으로 한 번 더 생각해보고 하는 것이 좋다. 가장 중요한 점은 뒷담화는 '스스로를 깎아내리는 행동'이라는 것을 명심할 필요가 있다.

앞담화(악플) 대응법

악플에는 무관심으로 대응해라

악플을 마주하는 곳은 주로 가상공간이다. 우리는 핸드폰을 통해 인터넷 기사를 읽고 카페에서 글을 보고 유튜브에서 동영상을 본다. 사람들은 게시된 글과 영상을 본 후, 그것에 달린 댓글을 보는 것을 좋아한다. 심지어 해외 반응까지 찾아보는 사람들도 있을 정도다. 그런 댓글 중 간간히 악플들이 존재하는데, 나를 향한 악플이 아님에도 스트레스를 받고 댓글을 달며 싸우는 사람들을 많이 보았다. 그 순간 우린 악플러의 '미끼를 물어버린 것이다'. 앞서 말한 것처럼, 악플러는 익명성과 비대면성을 이용하여 본인들의 감정을 악플을 통해 배출하는 것인데, 이는 매우 자극적이고 공격성을 띠기 때문에 다른 사람들을 강하게 자극한다. 타인이 본인들이 배출한 악플에 반응하거나 아파하는 것을 보는 것을 즐기기 때문에 이런 사람들과 말을 섞게 되면 본인만 더욱 상처를 받거나 화가 나게 된다. 악플은 감정의 배설물이다. 즉, 똥이라고 생각하면 된다. 우리는 길거리를 지나가다가 똥개가 길에 똥을 싸는 것을 보았다고 가정하자. 우리는 그 개를 쫓아가서 왜 길거리에 냄새나는 똥을 싸냐고 묻지 않는다. 대화가 통하지 않을 것을 알기 때문이다. 악플러도 그렇다. 그러니 무관심으로 대응하는 것이 좋다.

나도 이전에 뉴스 기사나 SNS에 달린 댓글들을 보며 화나기도 하고 답답함을 느끼곤 했다. 잘못된 개념이나 내용을 전하는 댓글로 사람들에게 거짓 정보를 주는 내용이 올라오면, 그것을 정정하기 위해 댓글을 달아보곤 했다. 결국 나에게 돌아오는 것은 '잘난 척하지 마라. XX'나 '꺼X'와 같은 욕설이었다. 결국 이런 댓글들을 보며 '스트레스를 받는 것은 나구나'라는 생각에 댓글을 보는 행동을 중단했고, 지금도 수년째 열심히 실천하는 중이다.

우리는 건강한 정신을 위해 '힘이 없는 말'을 무시하고
가볍게 넘기는 의연함이 필요하다.

8

잘못된 '자존심'은 우리를 불행하게 한다
−자존심과 자존감을 구별하자

영어 사전에 'Self Esteem'을 검색하면 '자부심, 자긍심, 자존심, 자존감'이라는 단어들이 나온다. 각각의 단어는 분명 다른 한자를 사용하고 있고 다른 의미를 가지고 있는데 왜 혼용되어 사용되고 있을까?

앞에서 말한 자부심, 자긍심, 자존심 그리고 자존감에 대한 사전적인 의미(네이버 국어사전)를 먼저 확인해보자.

1) 자부심(自負心, 떠맡을 부): 자기 자신 또는 자기와 관련되어 있는 것에 대하여 스스로 그 가치나 능력을 믿고 당당히 여기는 마음

개인의 능력, 직업, 태도 혹은 소속된 집단(국가, 민족, 소속 단체) 등에 대한 스스로의 믿음과 당당함을 표현할 때 사용한다.

2) 자긍심(自矜心, 자랑할 긍): 스스로에게 긍지를 가지는 마음

개인의 직업이나 소속된 집단(한민족, 혈통)에 대한 가치에 긍지를 느낄 때 사용한다.

3) 자존심(自尊心, 높일 존): 남에게 굽히지 아니하고 자신의 품위를 스스로 지키는 마음

스스로의 가치를 높이려는 마음이기에 함부로 건드려서는 안 되는 상징으로 사용한다.

4) 자존감(自尊感, 높일 존): 스스로 품위를 지키고 자기를 존중하는 마음

스스로를 존중한다는 의미를 포함시킬 때 주로 사용한다.

위의 네 가지 단어는 비슷해 보이지만 묘하게 다른 뉘앙스를 풍기고 있다. 특히, 우리가 일상생활에서 자주 쓰고 있는 '자존심'이라는 단어는 우리의 삶에 어떠한 영향을 미치고 있을까? 주변에서 흔하게 '나는 자존심이 센 사람이다' 혹은 '자존심 상해서 기분 나빠'라는 말을 자주 듣곤 한다. 나는 가끔 사람들이 '나는 자존심이 세다'라고 말하는 것의 의도가 '나는 주관이 뚜렷한 사

람이야'라고 말하고 싶은 건지 혹은 '나는 고집이 세니까 함부로 건드리지 마'라고 하고 싶은 건지 잘 모르겠다. 간혹 '자존심'이라는 단어를 '자존감'이라는 단어와 혼용해서 사용하는 경우도 빈번하게 보곤 한다. 우리는 '자존심'과 '자존감'이 어떻게 다른 것인지 고민해볼 필요가 있으며, 건강한 정신을 위해서 그리고 불행해지지 않기 위해 어떤 것에 집중해야 하는지 알아보려고 한다. 자존감과 자존심에 대한 여러 유형에 대해서 알아보자.

1) 자존감이 높은 사람의 특징

- <u>스스로를 존중하고 아끼며 그에 걸맞은 품위를 지키는 사람이다.</u>
- 화를 잘 내지 않는다. 감정을 바로 표출하기보단 한번 더 고민하고 해소하기 위해 집중한다.
- 상대방에 대한 공감을 잘하고 경청을 잘한다.
- 솔직하고 낙천적이며, 타인의 비판이나 부정적인 반응도 너그럽게 받아들인다.
- 타인의 시선에 연연하지 않고, 자신을 있는 그대로를 사랑한다.
- 타인에 대한 의존도가 낮다.
- 나의 약점을 인정하며, 실수를 두려워하지 않는다.
- 필요할 때에는 타인의 도움, 조언, 위로를 청하며, 거절당하는 것을 두려워하지 않는다.
- 개인의 다양성을 존중하며 남을 가르치려 하지 않는다.

- 좌절과 힘든 시간을 잘 견뎌낸다.
- 남 탓을 하지 않는다.

2) 자존감이 낮은 사람의 특징(동시에 자존심이 강한 사람의 특징)

- 스스로를 존중하지 않는다(자존심이 강한 사람은 존중보단 무조건적인 자기애를 보이기도 한다).
- 쉽게 감정이 상하며 화를 잘 낸다.
- 상대방에 대한 공감을 잘 못한다(상대방이 나를 어떻게 생각할지에 신경 쓴다).
- 극단적인 완벽을 추구하기도 한다.
- 본인을 불행하다고 생각하며 모든 면에 있어 비판적인 태도를 가진다.
- 깊은 열등감과 콤플렉스를 가지고 있다.
- 타인의 시선에 집착한다.
- 타인을 지적하면서도 타인의 비판이나 부정적인 반응은 인정하지 않는다.
- 사람에 대한 집착이 심하고 소유의 대상으로 본다.
- 기분파이며 쉽게 불안한 상태이다.
- 실수를 인정하지 않고 남 탓을 한다.
- 끊임없이 인정받으려고 하거나 증명하려고 노력한다.
- 거절당하는 것에 민감하다.
- 남들의 칭찬과 호의도 의심한다.

SBS 집사부일체라는 프로그램에서 가수 겸 배우 임창정 씨가 출현해 자식 교육법의 한 사례를 공개한 적이 있다. "어느 날 밖에서 누군가가 '하지 마!' 이러더라. 우리 애들 목소리가 들렸다. 보니까 우리 애들 둘이서 한 아이를 괴롭히는 거다. 영화나 만화에 나오는 악동 같았다. 얼마나 비겁하냐. 너무 화가 나서 너 죽고 나 죽자하려다가 다시 생각했다. 내려가서 그 아이 집에 다 같이 갔다. 어머니가 나오셔서 내가 그 자리에서 애들 잘못 키웠다고 무릎 꿇었다. 애들은 그걸 보고 울었다. 그 다음부터 그런 짓을 안 한다." 이 내용을 듣고 사실 큰 충격을 받았다. 나도 자존감을 높이는 연습을 하고 있는 와중에 정말 '자존감이 강한 사람'을 보게 된 것이다. 자식 교육에 있어서 자존심 따위는 그에게 전혀 중요한 게 아니었던 것이다. 지금도 내가 그런 상황이었다면 그렇게 할 수 있을까? 가끔 상상해보곤 한다. 심지어 누구나 아는 연예인인데 말이다. 이렇게 자존감이 높은 사람이기 때문에 그는 '찌질한 연기'에도 그만의 남다른 철학을 가지고 있는 것이었다.

사람들은 흔히 '자존감'과 '자존심'을 혼동하거나 '자존심'에 대한 개념이 잘못 잡혀 있기 때문에 불행해지는 경우가 많다. 간단하게 이야기하면, 자존감은 '스스로를 존중하여 그에 걸맞은 품위'를 지키는 것이라면, 자존심은 '남에게 존중 (혹은 인정) 받기 위해 억지로 품위'를 만들어가는 것이다. 전자에서 이야기하는 품위는 겉모습이나 물질적인 가치가 아니며 격이 높고 고상한 가치를 의미한다. 후자의 품위는 격이 높고 고상한 가치를 모방하기 위한 겉치레에 불과하다. 자존감이 약한 사람들이 자존심이 강해지는 경향이 있는데 이것은 하나의 방어기제라고 볼 수 있다. 스스로에 대한 깊은 열등감과 콤플렉스에 빠져 있는 상태에서 다른 사람에게 굽히게 되면 본인이 완전히 무너진다고 생각하기 때문에 끝까지 인정하지 않고 누군가에게 지지 않으려는 것이다. 따라서 작은 지적에도 민감하게 반응하고 사소한 일에도 자존심을 건드린다며 화를 내는 것이다. 우리가 살아가면서 자존감과 자존심을 혼동해버린다면 잘못된 '자존심'만 강하게 만드는 결과를 낳을 수 있다. 사회에서 스스로를 지키면서 '건강한 어른'이 되기 위해서는 자존심이 아닌 '자존감'을 키워야 한다. 잘못 키워진 '자존심'은 우리를 불행하게 만든다.

잘못된 '자존심'으로 인해 겪게 되는 불행

1) 관계 형성과 유지의 실패

자존심이 강한 사람은 타인에 감정에 공감하지 못하고, 경청하지 못하는 경향이 있다. 본인의 주장을 앞세우고 타인의 의견을 묵살해버리려는 경향이 강해 새로운 관계 형성에 늘 어려움을 겪는다. 또한, 연애 관계에서도 사소한 일에 쉽게 화를 내고 본인이 잘못하고도 사과를 하지 않는 경우가 많다.

2) 타인의 시선에 집착

외모, 학벌, 명예 등에 강하게 집착하고 남에게 잘 보이기 위해 신경을 쓴다. 내가 보는 나보다는 '타인에게 보이는 나'를 신경 쓰기 때문에, 남들에 의해 본인의 행복이 결정된다고 착각한다. 그렇기 때문에 SNS를 통해 끊임없이 본인을 업로드하며 남들에게 인정받고 싶어 한다. 이런 집착이 강해지면 허풍이 심해지고 사소한 일도 과장을 하는 경향을 보인다. 끊임없이 행복을 갈구하지만 결국 행복은 타인에게서 찾는 게 아니기 때문에, 진정한 행복이 무엇인지 깨닫지 못한 채 불행 속을 허덕이게 된다.

3) 스트레스 관리 실패

사람은 누구나 실수를 하고 약점을 가지고 있다. 자존심이 강한 사람들은 약점을 들키지 않기 위해 끊임없이 숨기려고 하고 늘 불안해한다. 타인의 지적에도 예민해하고 쉽게 화를 내며 분노를 참지 못한다. 하루에도 기분이 수십 번 바뀌고 스스로를 질책하고 깎아내린다. 본인에게 쌓이는 스트레스 또한 잘 해소하지 못하고 몸과 마음이 상하며 계속 불행해져 간다.

4) 삶의 여유가 없다

앞서 말한 다양한 이유들로 인해 머릿속에는 본인을 괴롭히는 생각들로 가득 차 있다. 마음은 늘 불안하고 예민하다보니 타인을 받아들일 여유가 없다. 본인 스스로에게도 마음을 베풀 줄을 모른다. 이런 유형의 사람들은 행복이나 즐거움이라는 감정조차 온전하게 누릴 줄을 모른다. 이것이야말로 정말 불행한 것이다.

보통의 사람들은 적당한 자존감을 가지고 있고, 또한 적당한 자존심도 가지고 있다. 그렇기 때문에 위의 내용들을 보면 본인에게 해당되는 내용도 있고 아닌 내용도 있을 것이다. 앞으로 우리는 '자존감'의 중요성을 파악하고 '자존심'과의 차이점을 이해해야 한다. 주변에서 자주 듣는 '자존심이 센 사람이다'라는 것은 부정적인 느낌이 강한 것이다. 그런 말을 듣기보다는 '자존감이 높은 사람이다'라는 말을 듣기 위해 노력할 필요가 있다. 그 시작은 스스로를 존중하는 것이다. 여기서 말하는 존중은 '나의 현재 상태'의 모든 것을 받아들이고 그 자체로의 가치를 존중한다는 것이다. 본인 스스로를 존중할 줄 아는 사람은 다른 사람도 존중할 줄 알게 된다. 그렇기 때문에 상대를 배려하는 마음이 시작되는 것이고 그에 걸맞은 행동을 하게 되는 것이다. 하지만, '나의 현재 상태'를 있는 그대로 받아들이지 못하고 '자기 자신을 과대평가'하게 되면, 그 괴리감을 줄이기 위해 나를 속이고 남을 속이게 되는 것이다. 또한, 거기서 생긴 불만은 나를 향하기도 하고, 사회를 향하기도 하고 또는 불특정 다수를 향할 수도 있는 것이다.

> 자존심의 심(心)은 '마음, 의지, 뜻'을 의미하고,
> 자존감의 감(感)은 '느끼다, 감응하다, 고맙게 여기다, 깨닫다'를
> 의미한다. 자존(自尊), '스스로 높이는 것'은 의지를 가지고
> 만드는 것이 아니고, 느끼고 깨달아야 하는 것이다.

참고문헌

Korean Medication Algorithm Project for Generalized Anxiety Disorder 2009 (I): Initial Treatment Strategy, J Korean Nueropsychiatr Assoc, 2010.

Korean guidelines for the treatment of panic disorder, J Korean Med Assoc. 2018.

Rhi, B. Y. (2004). Hwabyung—An overview. Psychiatry Invest, 1, 21-24.

Wang, C. C, et al. (2012). Safety evaluation of commonly used chinese herbal medicines during pregnancy in mice. Human reproduction, 27(8), 2448-2456.

강 준

건강과 심리상담에 관심이 많은 약사. 대학교 재학 시절, 교육 봉사와 멘토링에 관심이 많아 6년간 도토리 인연 맺기 학교/다문화 국제학교/삼성 드림클래스 등의 활동을 통해 학생들이 겪는 어려움을 함께 고민하였다. 약사가 된 후, 시립병원/문전약국/로컬약국에서 근무하면서 환자들의 시선에서 '약과 건강'을 쉽게 설명하고자 고민하였다. 현재는 신약을 개발하는 과학자로서 '혁신적인 치료제'를 개발하기 위해 고민하고 있다.

서울외고를 졸업하고 경희대학교 약학과를 우수한 성적으로 졸업하여 '대한 약사회장상'을 수상하였다. 이후 동 대학원 석사과정을 조기 졸업하면서 우수 논문 실적을 바탕으로 'Outstanding Graduate Student Award 2017'을 수상하였다. 2021년에는 세계적 학술지 'Biomaterials'에 제1저자로 연구 실적을 발표하면서 생물학연구정보센터(Bric) '한국을 빛내는 사람들(한빛사)'에 이름을 올렸다. 이외에도 안구질환, 간 질환, 피부 질환, 종양 등에 대한 연구를 수행하여 SCI/SCIE 국제 학술지에 총 10편의 논문을 발표하였고, 유전자 치료제, 면역항암제, 코로나19 백신 등을 개발하고 있다.

2021년 다년간의 멘토링과 심리 상담 경험에 전문 지식을 녹여내어 '카카오 브런치'에서 정신 건강에 대한 매거진을 연재하였고, 단기간에 많은 관심을 받으며 [사실 우리는 불행하게 사는 것에 익숙하다]라는 책으로 탄생하였다.

후속으로 연재한 '건강과 약'에 대한 매거진도 많은 사랑을 관심을 받으며 2022년 [의사와 약사는 오늘도 안 된다고 말한다]라는 책이 출판되었다. 모든 이들의 몸과 마음이 건강하기를 바라며 글을 쓰고 있다.

인스타그램 @Junkang_92
카카오 브런치 brunch.co.kr/@Junkang92

사실 우리는 불행하게 사는 것에 익숙하다: 마음이 '건강한 어른'이 되는 법

초판발행	2021년 4월 1일
중판발행	2022년 11월 1일

지은이	강 준
펴낸이	노 현
편 집	배근하
기획/마케팅	조정빈
표지디자인	박현정
제 작	고철민·조영환
펴낸곳	㈜ 피와이메이트
	서울특별시 금천구 가산디지털2로 53 한라시그마밸리 210호(가산동)
	등록 2014. 2. 12. 제2018-000080호
전 화	02)733-6771
fax	02)736-4818
e-mail	pys@pybook.co.kr
homepage	www.pybook.co.kr
ISBN	979-11-6519-153-5 03180

copyright©강준, 2021, Printed in Korea

* 파본은 구입하신 곳에서 교환해 드립니다. 본서의 무단복제행위를 금합니다.
* 저자와 협의하여 인지첩부를 생략합니다.

정 가   10,000원

박영스토리는 박영사와 함께하는 브랜드입니다.